A CONSTRUÇÃO DA IMAGEM DO CRIMINOSO PELA SOCIEDADE MIDIÁTICA E RACISMO

uma análise sócio-discursiva
da categorização de raça e crime

GABRIELA CIPRIANO GUERRA

Copyright © 2023 by Editora Letramento
Copyright © 2023 by Gabriela Cipriano Guerra

Diretor Editorial Gustavo Abreu
Diretor Administrativo Júnior Gaudereto
Diretor Financeiro Cláudio Macedo
Logística Daniel Abreu e Vinícius Santiago
Comunicação e Marketing Carol Pires
Assistente Editorial Matteos Moreno e Maria Eduarda Paixão
Designer Editorial Gustavo Zeferino e Luís Otávio Ferreira
Revisão Camila Araujo
Capa Sergio Ricardo
Diagramação Isabela Brandão

Todos os direitos reservados. Não é permitida a reprodução desta obra sem aprovação do Grupo Editorial Letramento.

Dados Internacionais de Catalogação na Publicação (CIP) de acordo com ISBD
G934c   Guerra, Gabriela Cipriano
A construção da imagem do criminoso pela sociedade midiática e racismo: uma análise sócio-discursiva da categorização de raça e crime / Gabriela Cipriano Guerra. - Belo Horizonte, MG : Letramento ; Temporada, 2023.
94 p. ; 14cm x 21cm.
ISBN: 978-65-5932-235-0
1. Linguagem. 2. Bakhtin, Mikhail. 3. Fairclough. 4. Norman. 5. Dijk, Teun. 6. Gomes, Nilma. 7. Discurso. 8. Análise de Discurso Crítica. 9. Prática Discursiva. 10. Prática social. 11. Mídia. 12. Categorização. 13. Racismo. 14. Movimento Negro. 15. Emancipação. 16. Criminalização. 17. Sistema Prisional. 18. Justiça Restaurativa. I. Título.
2023-445   CDD 410   CDU 81'1
Elaborado por Vagner Rodolfo da Silva - CRB-8/9410
Índice para catálogo sistemático:
1. Linguagem 410
2. Linguagem 81'1

LETRAMENTO EDITORA E LIVRARIA
Caixa Postal 3242 — CEP 30.130-972
r. José Maria Rosemburg, n. 75, b. Ouro Preto
CEP 31.340-080 — Belo Horizonte / MG
Telefone 31 3327-5771

É O SELO DE NOVOS AUTORES
DO GRUPO EDITORIAL LETRAMENTO

Agradeço a todas as forças divinas
que me sustentaram até aqui.

Dedico aos meus criadores e amores
terrenos: meu pai e minha mãe.

Ainda, aos meus irmãos, amigos e demais
familiares que me nutrem diariamente.

E por fim, dedico ao meu professor e
mestre Armando de Andrade que tanto
me auxiliou nessa produção textual.

9   INTRODUÇÃO

13   **1**   CONSTRUÇÃO DA REALIDADE CRIMINAL BRASILEIRA

14   1.1.   BREVE CONSIDERAÇÕES SOBRE A ORIGEM DAS SOCIEDADES DE CLASSES E DAS PRISÕES

20   1.2.   FORMAÇÃO SOCIAL DO POVO BRASILEIRO: DA ESCRAVIDÃO À ABOLIÇÃO

26   1.3.   A IMPOSIÇÃO DO LUGAR DO NEGRO PELO ESTADO NA LÓGICA CAPITALISTA

31   1.4.   A REALIDADE CARCERÁRIA BRASILEIRA

39   **2**   ANÁLISE CRÍTICA DO DISCURSO E A FORMAÇÃO SOCIAL DO BRASIL

40   2.1.   BREVE CONSIDERAÇÕES SOBRE A ANÁLISE DE DISCURSO CRÍTICA

45   2.2.   ANÁLISE CRÍTICA DO DISCURSO E A COMPREENSÃO DA CONSTRUÇÃO SOCIODISCURSIVA DO BRASIL

50   2.3.   A SOCIOCONSTRUÇÃO TEÓRICA DA REPRODUÇÃO E (RE) ESTRUTURAÇÃO DA CULTURA DO RACISMO NO BRASIL

57   2.4.   ANÁLISE DO DISCURSO DA MÍDIA E O RACISMO

65   **3**   MUDANÇA DO DISCURSO SOCIAL MUDANÇA NO QUADRO DA CRIMINALIDADE

66   3.1.   A LINGUAGEM PREVISTA EM BAKHTIN

70   3.2.   INFLUÊNCIA DO MOVIMENTO NEGRO NA RECONSTRUÇÃO SOCIAL

76   3.3.   MUDANÇA SOCIAL E MUDANÇA DISCURSIVA: RELAÇÕES DISCURSIVAS DO IMAGINÁRIO SOCIAL E A JUSTIÇA RESTAURATIVA

85   CONSIDERAÇÕES FINAIS

89   REFERÊNCIAS

RESUMO: A linguagem está presente na história do homem desde o seu surgimento, está presente na forma como ele interage com seus semelhantes, ela faz parte da condição humana. Bakhtin desvela o fato de que a circulação das vozes numa formação social está submetida ao poder. Nesse ponto ela torna-se prejudicial, pois é capaz de legitimar discursos que submetem um grupo de pessoas a outro. A Análise de Discurso Crítica (ADC) como método de análise inferirá a influência desses determinados discursos a fim de transformar as práticas discursivas, bem como as práticas sociais. Esses discursos opressores são construídos em cima da política herdada desde a época do Brasil colônia, Brasil república onde a elite dominava as ideias e o comportamento da sociedade, dessa forma o negro foi vinculado ao atraso, ao não progresso, e isso persiste até hoje. Aliado com a teoria do Dialogismo de Bakhtin, a ADC explicará a formação das relações sociais no Brasil e como o comportamento e a vida dos indivíduos são definidos através do discurso de poder. Portanto, é fundamental discutir a linguagem prevista em Bakhtin dentro do Movimento Negro, com isso irá demonstrar como esse mesmo movimento pode dar voz ativa para a população negra através da reprodução de enunciados emancipatórios, fazendo com que eles encontrem meios para garantir direitos e dignidade de vida. A população carcerária é fruto de um direito penal seletivo, compondo as celas com a maior parte de negros e pobres, que são a camada marginalizada da sociedade. Essa realidade faz parte do ciclo social onde a classe dita como superior usufrui das melhores oportunidades, condicionando as minorias às péssimas condições e formas de vida, tendo seus direitos tolhidos. O endurecimento das normas penais causado pelo movimento de Lei e Ordem (Law and Order), pela influência da Teoria das Janelas Quebradas (Broken Windows Theory), e da Política de tolerância zero, além do Mito da Democracia Racial levaram a sociedade a replicar o racismo e a perseguição à negros sob outro viés, este aparentemente permitido e elaborado pelo Estado.

PALAVRAS-CHAVE: Discurso. Práticas sociais. Movimento Negro. Emancipação.

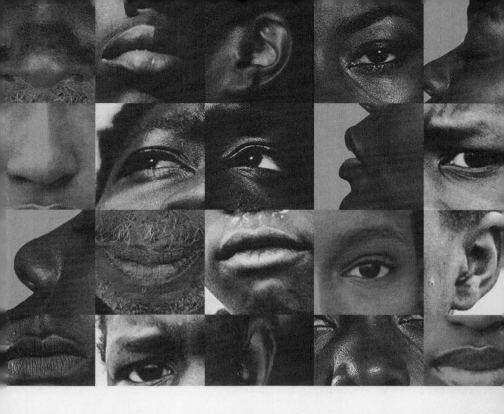

INTRODUÇÃO

A percepção das questões sociais, o incômodo com as sociedades de classes, a dominação social entre grupos, a marginalização através de discursos de poder aliam as ciências sociais, os pesquisadores e idealizadores em busca de reparação dos danos sociais sofridos por determinados grupos. Outrossim, o estudo da linguagem se apresenta como forte aliada, pois a construção da realidade social dos indivíduos está submetida aos discursos que são legitimados por classes dominantes. As práticas sociais estão voltadas para satisfazer a dinâmica de poder. Consequentemente, torna-se extremamente necessário, para os grupos dominantes, controlarem as representações das práticas, orientando o modo como elas devem ser interpretadas a fim de garantir a reprodução da estrutura social vigente. O mundo apresenta-se como "naturalizado", pois as relações de poder sustentam o estabelecimento dessa hegemonia através das ideologias.

A perpetuação dessa dominação se dá pela prática discursiva, uma vez que os seres se socializam através da linguagem. Nesse cenário entra em cena a Análise de Discurso Crítica (ADC) que providencia uma investigação do uso da linguagem dentro da sociedade. Ela visa conciliar a análise linguística com a análise social, reconhecendo a relação intrínseca que há entre elas. Com isso ela prioriza temas sociais relacionados à desigualdade, opressões, manipulação ou disputa de poder entre grupos sociais.

Nesse trabalho o objetivo é analisar o discurso dentro das relações sociais no Brasil e investigar como isso desemboca na subjugação da população negra, transformando-a no principal personagem da criminalidade.

Ao analisar a criminalização no Brasil será constatado que as estatísticas carcerárias apontam uma maior população carcerária negra, além de um maior quantitativo de vidas negras ceifadas. Também, será demonstrado que essa realidade social é fruto de práticas discursivas que tinham/tem a intenção de marginalizar determinado grupo social, através de estudos críticos das leis e de teorias oriundas das ciências jurídicas a fim de explicar o desequilíbrio entre as relações sociais no Brasil.

Após a exposição de como a linguagem interfere nas relações dos indivíduos, através de estudos sobre os pensamentos de diversos estudiosos, será demonstrado como a força do discurso é capaz de emancipar e libertar classes sociais subjugadas e com isso reconstruir a realidade criminal brasileira.

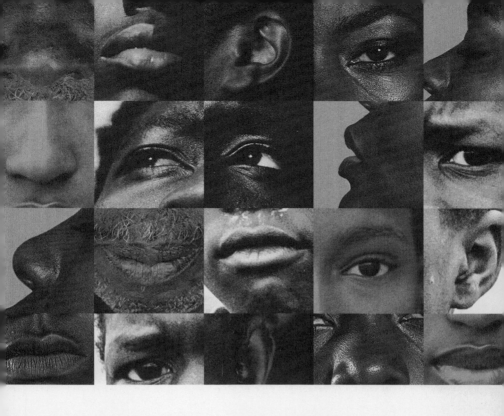

1
CONSTRUÇÃO DA REALIDADE CRIMINAL BRASILEIRA

1.1. BREVE CONSIDERAÇÕES SOBRE A ORIGEM DAS SOCIEDADES DE CLASSES E DAS PRISÕES

A história da humanidade é marcada por um grande processo de dominação e subjugação de grupos de pessoas a outros. Através de postulados marxistas depreende-se que as sociedades se desenvolvem e se transformam. O que vai diferenciar uma sociedade da outra é o modo como ela produz e distribui a sua riqueza no meio social. Sem essa reprodução e produção não há vida social.

Antes de mais nada deve-se fazer algumas considerações acerca das relações de produção. Para a visão marxista existem dois grandes tipos de relações de produção, as relações de produção assentadas na cooperação, que ocorre quando os meios de produção são coletivos, exemplo disso é o comunismo primitivo e o socialismo moderno. A outra relação de produção é assentada na exploração, quando os meios de produção estão nas mãos de poucas pessoas, por exemplo, a realidade escravista, o feudalismo e o capitalismo.

A construção da realidade dos indivíduos se dá por força dessas relações de produção, por sua vez, o agir e interagir humano se dá por excelência através da linguagem. A linguagem está presente desde a origem do homem, ela apresentou diversas formas de expressão a fim de satisfazer a comunicação entre as pessoas, passou pelas formas mais primitivas até chegar ao que conhecemos hoje.

Ao investigar as elaborações de Marx encontram-se duas ideias centrais as quais elucidam que as forças produtivas se desenvolvem mais depressa que as relações de produção e por isso entram em contradição. O conflito é solucionado pela revolucionarização completa da sociedade e a mudança do modo de produção. Ou seja, pelo predomínio de novas relações de produção. A segunda ideia argumenta que a estrutura econômica determina, em última instância, as superestruturas ideológicas e jurídico-políticas. As estruturas econômicas são como os alicerces e as vigas das superestruturas.

Tendo por referência o modo de produção, a partir da estrutura econômica são criadas normas de convivência que estabelecem mecanismos de exercício de poder. Também, criam instituições educativas e coercitivas, e organizam sistemas de difusão de ideias e de crenças. Jessé Souza afirma em "A elite do atrasado da escravidão a era Bolsonaro" que nossa forma de família, de economia, de política e de justiça foi baseada na escravidão.

Este conjunto de relações, normas e instituições constitui a superestrutura jurídico-política, que são o Estado e seus aparatos, como o parlamento, o exército, os tribunais, o sistema de leis que regem as relações entre pessoas e entre elas e as instituições. É criado, também, a superestrutura ideológica da sociedade, na qual fazem parte as ideias e crenças disseminadas pelas escolas, igrejas, órgãos de comunicação, etc. Portanto, os seres humanos são constituídos por influência dessas instituições.

Mesmo determinada em última instância, pela base econômica as superestruturas não são passivas, pelo contrário, intervém no processo de manutenção ou superação da ordem econômica vigente. Engels, escreve em carta a Bloch (1890):

> Segundo a concepção materialista da história, o fator que, em última instância, determina a história é a produção e a reprodução da vida real. Nem Marx nem eu afirmamos, uma vez sequer, algo mais do que isso. Se alguém o modifica, afirmando que o fator econômico é o único fator determinante, conver-

te aquela tese numa frase vazia, abstrata e absurda. A situação econômica é a base, mas os diferentes fatores da superestrutura (...) também exercem sua influência sobre o curso das lutas históricas e, em muitos casos, determinam sua forma, como fator predominante. Trata-se de um jogo recíproco de ações e reações entre esses fatores, no qual, através de toda uma infinita multidão de acasos (...) acaba sempre por impor-se, como necessidade, o movimento econômico.

Engels conclui, afirmando (1890):

> Nós mesmos fazemos nossa história, mas isto se dá, em primeiro lugar, de acordo com premissas e condições muito concretas. Entre elas, as premissas e condições econômicas são as que decidem, em última instância. No entanto, as condições políticas e mesmo a tradição que perambula como um duende no cérebro dos homens também desempenham seu papel, embora não decisivo.

Segundo as ideias marxistas as sociedades onde existe monopólio privado dos meios de produção e onde há a exploração do homem, essas sempre serão sociedades divididas em classes. Nelas sempre haverá uma luta entre a parte dominante que quer manter seus privilégios e outra grande maioria que quer acabar com a exploração e a dominação.

No marxismo a definição de classes sociais dada por Lênin no artigo "Uma grande iniciativa", sobre os sábados comunistas define como "grupos de pessoas, um dos quais pode apropriar-se do trabalho do outro graças ao fato de ocupar um lugar diferente num regime determinado da economia social".

A classe proprietária dos meios de produção com o intuito de dominar politicamente a sociedade faz surgir o Estado, instrumento de poder. O Estado é expressão da luta de classes. O Estado nasceu para defender os interesses dos proprietários face à ameaça representada pela luta dos trabalhadores. Karl Marx diz que o Estado é, essencialmente, uma ditadura de classe. Portanto, os indivíduos têm suas vidas definidas e podadas pelas mãos dos grandes donos do poder.

O processo de desenvolvimento dos modos de produção no Brasil foi diferente de como ocorreu na Europa. Entre os habitantes originais, os indígenas, predominou o modo de produção do tipo comunista primitivo até o início da colonização portuguesa (século XVI). Por milhares de anos, os povos indígenas não conheciam a exploração, nem as classes sociais, não tinham sequer a ideia de Estado.

No Brasil, foram fatores externos, como a ocupação portuguesa que levaram à superação do comunismo primitivo da maior parte do território e à instauração do escravismo, baseado nos negros aprisionados trazidos da África. Dessa forma, constituiu-se o modo de produção do tipo Escravista Moderno, no qual o escravo era o centro da economia, ao lado da monocultura exportadora de açúcar e café e do latifúndio. O Estado escravista garantia o direito dos proprietários, punindo os escravos rebeldes e seus apoiadores.

Como visto cada modo de produção faz surgir suas próprias classes. Ao fazer uma análise ao longo da história da humanidade, seguindo os períodos históricos, a primeira grande divisão da sociedade em classes sociais antagônicas foi entre escravos e senhores, ocorrido no Egito, na Grécia e Roma, por exemplo.

Mais adiante surgiram outras classes sociais exploradas e exploradoras que eram os camponeses e servos e os senhores feudais e latifundiários. No período moderno existia a burguesia e o proletariado.

Com o avançar das sociedades, com a intensificação de delimitações entre grupos de pessoas foi sendo criados mecanismos de controle (especialmente o controle corporal) para viabilizar essas segregações. Esses mecanismos eram por vezes sutis outras nem tanto. Michel Foucault em "Vigiar e Punir" apontou esses fenômenos sociais como o momento histórico das disciplinas. Corroborando com isso (2003, p.121 e 122):

A disciplina procede em primeiro lugar à distribuição dos indivíduos no espaço. Para isso, utiliza diversas técnicas. A disciplina às vezes exige a cerca, a especificação de um local heterogêneo a todos os outros e fechado em si mesmo.

A atividade escravista é um dos momentos em que há nítido controle e vigilância sobre corpos. Foram estereotipados corpos para serem aniquilados e subjugados. Corpos utilizados como mecanismos de produção para um grupo dominante. Na grande obra de Celia Maria Marinho de Azevedo "Onda Negra Medo Branco o negro no imaginário das elites século XIX", é constatado (1987, p.54 e 55):

> As fases da correção e instrução sob a responsabilidade direta dos senhores de escravos eram essenciais não só para um melhor funcionamento da escravidão, como também para o futuro das relações sócio-raciais. Isto porque, sem a interiorização da dominação pelo dominado, os negros continuariam a fugir e a ameaçar os interesses dos brancos, ou então permaneceriam cativos, porém como temíveis "domésticos-inimigos" (pp. 211-2). Ao mesmo tempo, ficava implícito o desejo de preparar a própria subjetividade dos futuros trabalhadores livres, os quais deveriam continuar a considerar o branco como seu superior.

Em relação às prisões, que também eram lugares destinados ao adestramento de pessoas inferiores e marginalizadas, foi constatado seu surgimento após a Revolução Francesa. Foi a partir da Revolução Francesa, também, que surgiu um legado ideológico que culminou nas revoluções liberais, isto foi o marco da Modernidade. No Brasil o marco do nascimento das prisões foi a promulgação do primeiro Código Criminal em 1830. Cumpre destacar, que os primeiros registros de vida intramuros não tinham a finalidade de cumprimento de pena. Para Ana Messuti (2003, p.31):

> A prisão é o caos que a própria comunidade construiu (...) o caos construído significa a normatividade excessiva. A regra que não busca a harmonia do coabitar, mas sim a rigidez da imobilidade.

Outrossim, completa afirmando (2003, p.49):

> A prisão considerada como lugar de aplicação da pena, definitivamente, pode ser definida pela indicação de uma única característica: encontra-se fora do espaço social. Portanto, a pena de prisão é a destinação a um lugar que se encontra fora do espaço social. A pena de prisão é a exclusão do espaço social. Esta é a finalidade primordial da prisão: a exclusão. Toda futura participação na comunidade e no espaço da comunidade requer essa prévia exclusão.

Nesse mesmo sentido, Alessandro Barata (2002, p.183) entende que:

> As inovações introduzidas na nova legislação penitenciária não parecem destinadas a mudar decisivamente a natureza das instituições carcerárias. Antes de tudo, esta relação é uma relação entre quem exclui (sociedade) e quem é excluído (preso).

Na obra de Alessandro Baratta (2002) ele traz o entendimento de Michel Foucault sobre o sistema punitivo, o qual identifica nessa sistema uma função direta e indireta. A função indireta é golpear uma ilegalização visível para encobrir uma oculta; a função direta é a de alimentar uma zona de marginalizados criminais, inseridos em um verdadeiro e próprio mecanismo econômico ("indústria" do crime) e político (utilização de criminosos com fins subversivos e repressivos).

O contexto da criminalidade também surge para engessar os choques entre as classes, ela torna-se mecanismo tanto de atuação quanto mecanismo de submissão dos grupos dominantes. Na visão de Alessandro Barata (2002, p.198 e 199):

> O sistema das imunidades e da criminalização seletiva incide em medida correspondente sobre o estado das relações de poder entre as classes, de modo a oferecer um salvo-conduto mais ou menos amplo para as práticas ilegais dos grupos dominantes, no ataque aos interesses e aos direitos das classes subalternas, ou de nações mais fracas; além disso incide, em razão inversamente proporcional à força e ao poder de controle político alcançado pelas classes subalternas, no interior das relações concretas de hegemonia, com uma mais ou menos rigorosa restrição da esfera de ações políticas dos movimentos de emancipação social.

Ainda utilizando Alessandro Barata (2002), compreende-se que é preciso uma política de grandes reformas sociais e institucionais para o desenvolvimento da igualdade, da democracia, de formas de vida comunitária e civil, alternativas mais humanas, e do contrapoder proletário, em vista da transformação radical e da superação das relações sociais de produção capitalistas vigentes.

1.2. FORMAÇÃO SOCIAL DO POVO BRASILEIRO: DA ESCRAVIDÃO À ABOLIÇÃO

O Racismo existia antes mesmo da atividade escravista, o ideal de superioridade e controle entre pessoas sempre visava interesses particulares. Quando a atividade escravista se mostrou bastante lucrativa os abismos entre raças foram mais uma vez suficientes para transformar os africanos em propriedades dos ditos superiores brancos.

A colonização da América portuguesa beneficiou a Inglaterra, tornando-a a potência mais lucrativa por conta do tráfico de escravos. Antes dos africanos, houve a escravização dos indígenas que já habitavam as terras do atual território brasileiro. A escravização de africanos era mais rentável para os colonizadores, portanto a que mais perdurou.

Para o tratamento jurídico dos escravos as normas para dispor sobre a relação entre os senhores e escravos tinham forte influência do direito português. Em um estudo feito por Mariana Armond Dias Paes (2013, p. 527):

> Foram identificados, ao todo, 71 dispositivos que tratam da escravidão, sendo 23 das Ordenações Manuelinas e 48 das Ordenações Filipinas. Do total, a grande maioria trata de matérias concernentes ao Direito Civil (20 dispositivos) e ao Direito Penal (29 dispositivos). Mas também foram identificadas normas que regulamentam questões de administração judiciária, direito eclesiástico, tráfico e comércio com as colônias, principalmente africanas.

As Ordenações Filipinas buscava estabelecer regras a serem observadas no cotidiano das relações entre os cativos e seus senhores, tais como a definição de castigos para faltas cotidianas, as punições de escravos envolvidos em crimes, os critérios de alforria, a definição dos direitos dos libertos. Aludia também sobre hipótese de vícios nas transações de compra e venda de escravos, proibia que os cativos fizessem testamento ou fossem testemunhas de testamentos, proibia que os escravos fossem tutores ou curadores.

Tais regras buscavam coisificar verdadeiramente as vidas dos cativos, retiravam suas capacidades civis e revertia em dependência compulsória aos seus donos, assim sua personalidade jurídica era limitada. Apesar de todas as restrições, violências aos africanos, eles não eram passivos nem tão pouco aceitavam ser dominados como retrata a maioria da história. Houve resistência, revoluções, reação sistemática dos escravizados, quilombolas e libertos, e isto gerava instabilidade ao regime da época. Para Gabriel Nascimento (2019, p.28):

> Falar de cordialidade na formação do povo brasileiro, ignorando a insubmissão dos negros é apagar, a partir da linguagem, sobretudo a acadêmica, a possibilidade de os negros serem vistos como heróis do seu próprio povo.

A autora Nilma Gomes também comenta na obra "O Movimento Negro Educador" (2018, p.102):

> As lutas, as rebeliões nas senzalas, as lutas quilombolas, os abortos, os envenenamentos foram respostas fortes das africanas e africanos escravizados ao regime da escravidão. Em todas elas o corpo negro regulado pela escravidão se mostrava rebelde e lutava pela sua emancipação. Também hoje a história já nos revela que negros libertos também participaram do movimento abolicionista e não somente a classe média branca mais revolucionária da época.

Em 1831 foi abolido o tráfico transatlântico, mas no Brasil a escravidão só foi abolida em 1888, foi o último lugar do mundo a pôr fim a atividade escravista. O advento do movimento abolicionista foi concomitante com o incentivo a política de imigração que estava relacionado ao crescimento do mercado no Brasil, os imigrantes simbolizavam progresso, riqueza, por sua vez os ex-escravos que não tinham para onde ir depois de serem libertos, e que estavam sem trabalho eram relacionados à vadiagem, ao atraso. Bem pontua Célia Azevedo (1987, p.21):

> Esta substituição de temas e de enfoques tem sido justificada de modo sucinto e algo taxativo: o negro apático para o trabalho livre e acostumado à coação de um sistema irracional de produção não pôde fazer frente à concorrência representada pelo imigrante europeu, trabalhador este já afeito a uma atividade disciplinada, racionalizada e regulada a partir de contrato de compra e venda da força de trabalho.

Por isso o negro passou a ser sinônimo de desordem, todavia na época não existiram políticas que buscassem dar assistência a esses escravos, e sozinhos devido a suas condições passada não os favoreciam a prosperar. Nilma Gomes explica que (2018, p.102):

> As negras e negros, que já eram protagonistas da sua própria história, tiveram que se reorganizar para sobreviver na sociedade pós-escravocrata, principalmente porque a abolição formal, da lei, sem uma política de inclusão dos negros na sua condição de liberto na sociedade, resultou em um longo período histórico de trato e imaginário escravagista direcionados às libertas e aos libertos. Por isso, muitos libertos tiveram que se submeter a uma situação de vida análoga à escravidão. Um outro tipo de domínio e opressão dos ex-senhores foi se configurando. Eles, aos poucos- no decorrer dos anos e séculos-, foram se transformando nos patrões e capitalistas atuais.

A posição estrutural que foi imposta aos negros implantou nas suas gerações sensação de pertencimento aos seus donos, subordinação. Foram referidas conotações maléficas para essas pessoas, uma redução de dignidade que as distinguia das outras pessoas. Eram verdadeiramente taxados como sinônimo de atraso. Nas palavras de Célia Azevedo (1987, p.21):

> o ex-escravo e seus descendentes saíram espoliados da escravidão e despreparados para o trabalho livre, incapazes, enfim, de se adequar aos novos padrões contratuais e esquemas racionalizadores e modernizantes da grande produção agrícola e

industrial, tornando-se doravante marginais por força da lógica inevitável do progresso capitalista.

O movimento abolicionista tinha a intenção de eliminar os negros mais do que acabar com a atividade ilícita da escravidão, visava substituí-la pelo trabalho livre, e introduzir os imigrantes no mercado brasileiro. Então o que fazer com o negro em liberdade?

Não se confiava entregar a liberdade de imediato ao negro, diziam que com sua ignorância, e instinto poderiam levar a vagabundagem e ao cometimento de crimes, por isso queriam enquadrá-los na sociedade coagindo ao trabalho "livre". Mas na verdade não foram feitos esforços para criar políticas de proteção e incentivos a essas pessoas que passaram toda sua vida excluídos. Sempre houve discursos para legitimar a exclusão dos negros , discursos disfarçados de progresso, mas a verdadeira intenção era mantê-los impedidos de alcançar os caminho de progresso dos poderosos.

As normas jurídicas atribuíram ao Estado o poder de definir qual seria o rumo dos escravos. Através das normas estipulou a condição de inferioridade. Por exemplo, a Constituição Federal de 1891 previa que mendigos e analfabetos não podiam votar, curiosamente os integrantes desses grupos eram em sua maioria ex-escravos.

Para fortificar o poder do Estado o sistema penal foi criado e montado para assegurar que as normas jurídicas e morais da sociedade criassem contextos em que o negro era/é criminalizado e punido. Esses contextos são criados por força das práticas discursivas, como será visto mais à frente. Gabriel Nascimento pondera que (2019, p.23):

> Se formos pensar de maneira hegemônica, a língua insere no pensamento não só o que é a coisa significada, mas produz as situações relacionais que dão significado aos sujeitos e às estruturas de poder. Assim, ela produz sempre dicotomias, não porque nela existem dicotomias naturais, mas como reflexo refratado dos próprios projetos de dominação e poder (como advogou Bakhtin, 1997).

Portanto tais contextos de dominação e subjugação são justificados e naturalizados através de teorias científicas que são aplicadas nas práticas discursivas. Segundo Santos (2002) a ciência moderna assume o extraordinário privilégio epistemológico de ser a única forma de conhecimento válido, e concedeu a si próprio privilégio político enquanto forma exclusiva de poder.

A exemplo do exposto acima tem a teoria científica de Nina Rodrigues, que traduz a Antropologia criminal de Cesare Lombroso e afirma sobre a existência de um perfil criminoso, este retrato pelos estereótipos dos negros, baseados nas raças humanas. Jessé Souza explica que (2019, p.26):

> No mundo moderno, a dominação de fato tem que ser legitimada cientificamente. Quem atribui prestígio hoje em dia a uma ideia é a ciência, assim como antes era a religião. É a ciência hoje, mais que a religião, que decide o que é verdadeiro ou falso no mundo.

Essa era a versão do racismo conhecida por racismo fenotípico, o qual era baseado na cor da pele e nos traços fisionômicos, ficou reconhecido internacionalmente e explicava a diferença de desenvolvimento entre diversos povos. Essa versão do racismo foi substituída pelo culturalismo, considerado cientificamente e moralmente mais aceito. Isto porque, nas palavras de Jessé Souza (2019, p.16 e 17):

> O culturalismo julgava ter vencido o paradigma racista e tê-lo superado por algo não só cientificamente superior, mas também moralmente melhor. Afinal, o que explicaria o comportamento das pessoas não seria mais simplesmente habitar um corpo com certa cor da pele ou outras características fenotípicas, mas, sim, o estoque cultural que elas herdam. Essa explicação tornou-se tão dominante que rapidamente saiu dos círculos científicos e tomou o senso comum – que compõe o conjunto de crenças dominantes compartilhadas pela esmagadora maioria dos indivíduos de uma sociedade. O culturalismo tornou-se uma espécie de "senso comum internacional" para a explicação das diferenças sociais e de desenvolvimento relativo no mundo inteiro.

O culturalismo cumpre exatamente as mesmas funções do racismo fenotípico. Ele funciona como uma espécie igual ao colonialismo anterior, mas como é propagado como algo moralmente aceito e verdadeiro dentro das relações sociais não é objeto de questionamentos.

Por sua vez, Michael Omi e Howard Winant apresentam o conceito de projeto racial. São criadas determinadas práticas sociais, de diversas formas, a fim de reforçarem mutuamente na reprodução da marginalização de minorias raciais. Todo projeto racial atribui sentidos específicos à raça, portanto ela possuirá significados específicos a partir da forma de domínio que se pretende construir. Adilson Moreira cita em "Racismo Recreativo" que (2020, p.41):

> É por isso que os referidos autores empregam o termo racialização para classificar os mecanismos a partir dos quais sentidos culturais são atribuídos a certas características físicas para um grupo seja visto como diferente. A racialização seria uma forma de construção e de diferenciação dos indivíduos, prática que possui um objetivo específico: a raça é uma marca que representa as relações de poder presentes em dada sociedade.

Ao se construir minorias raciais como grupos com traços físicos e morais específicos, membros do grupo racial majoritário podem justificar um sistema de dominação que possa garantir a permanência de oportunidades sociais nas suas mãos. Adilson Moraes alude (2020, p.43):

> Em função do seu caráter discursivo, produzido por sentidos culturais, um projeto racial permite a construção de narrativas que determinam as manifestações do senso comum sobre a relevância da raça e do racismo em uma sociedade. Portanto, mais do que criar e legitimar representações culturais, um projeto racial influencia a percepção do significado raça, o que determina a percepção dos vários agentes sociais na vida cotidiana.

O mesmo autor continua (2020, p.44):

> Raça é uma representação cultural que estrutura relações de poder dentro uma sociedade; ela pode ser utilizada para legitimação de normas legais que tratam indivíduos de forma arbitrária ou pode permanecer invisível em sociedades nas quais

privilégios raciais sistemáticos tornam a discriminação direta uma forma obsoleta de manutenção de hierarquias entre negros e brancos. Aqueles grupos que possuem poder político e econômico criam sentidos culturais que os permite atribuir valores a certos traços a partir das quais identidades e lugares sociais são instituídos.

Por conta de toda essa estruturação social e com fins de dar continuidade a essa distinção entre classes e raças, a sensação de superioridade para uns e inferioridade para outros, a justiça brasileira se constitui de forma seletiva, pois se baseia no senso de justiça herdado por heranças racistas e desiguais desde a criação das normas até as coerções policiais, são sistemas criados para perseguir e oprimir a população negra.

1.3. A IMPOSIÇÃO DO LUGAR DO NEGRO PELO ESTADO NA LÓGICA CAPITALISTA

Quando a escravidão foi abolida no Brasil estava ocorrendo mudanças no cenário econômico, era um momento em que se buscava substituir os escravos pelos imigrantes, as pessoas pretas por brancos. Nesse sentido é extraído por Jessé Souza (2019, p.80):

> O ex-escravo é jogado dentro de uma ordem social competitiva, como diz Florestan, que ele não conhecia e para a qual não havia sido preparado. Para os grandes senhores de terra, a libertação foi uma dádiva: não apenas se viram livres de qualquer obrigação com os ex-escravos que antes exploravam, como puderam "escolher" entre a assimilação dos ex-escravos, o uso da mão de obra estrangeira que chegava de modo abundante ao país.

A elite queria manter a propriedade privada e a hegemonia política em suas mãos, além do equilíbrio racial, pois tinham medo da reação negra. Eles tinham que enfrentar o problema negro, então o que fazer com a massa de negros? Como substituí-los? Para isso foi criada a política de miscigenação, a manutenção de colônias, tudo através de teorias que justificavam o branqueamento no Brasil, cunhadas no que se convencionou como racismo científico.

A política de miscigenação foi criada para que o Brasil fosse interpretado como um território onde existe a mistura de raças, de povos. Essa teoria serviu justamente para criar um cenário de harmonia racial para ofuscar e silenciar os problemas que a desigualdade racial causava.

Mas, ainda mais perigoso do que isso, a elite com receio da repressão dos africanos, temendo a instabilidade do seu poder transformou os ex-escravos em inimigos da coletividade, transformou-os em agentes delinquentes, capazes de corromper com as regras morais da sociedade brasileira, ao invés de terem prestado assistência pública. Dessa forma, como efeito político predominou a violência cotidiana, o desenvolvimento das relações sociais baseadas em conflitos entre classes e raças.

Em forma de autocontrole a elite revestida de poder através do Estado estabeleceu o lugar do negro, criando normas que continuassem disciplinando e limitando às vidas dos libertos. De início, há de se falar do primeiro Código Criminal do Brasil surgido em 1830, antes mesmo do fim da atividade escravista brasileira. Nesse período os pensamentos iluministas estavam chegando ao Brasil, questões sobre Direitos Humanos começavam a serem debatidos, assim as Ordenações Filipinas que era bastante cruel estava sendo questionada, mas não foi por este motivo que surgiu o primeiro código penal. Eduardo Migowski (2018) pontua que:

> O Império estava em total desordem, com sério risco de fragmentação. A década de 1830 seria marcada pelas chamadas revoltas regenciais. O objetivo dessa nova legislação, portanto, não era humanizar as penas, mas reestabelecer o equilíbrio político.

Com a promulgação do Código Penal surgiu também o nascimento das prisões brasileiras. Eduardo Migowski (2018) alude que:

> o aprisionamento era a maneira de guardar o prisioneiro até que ele sofresse as sensações estabelecidas, ou seja, não era exatamente uma forma de castigo, mas a maneira de impe-

di-lo de fugir até que este fosse punido. Com o Código Penal é inaugurado no Brasil o aprisionamento como principal forma de punição.

Depois do "fim da escravidão" os escravos sem oportunidades de prosperar permaneceram marginalizados e ociosos. Para continuar segregados da camada "boa" da sociedade e não se misturarem com a elite foram taxados e identificados como a camada mais propensa a delinquir, assim seria mais fácil de serem mantidos em prisões e ficarem verdadeiramente excluídos da sociedade. As prisões tornaram-se, portanto, um excelente local de amontoamento de pessoas que estavam sendo colocadas como ameaça a hegemonia dos poderosos. Assim eram marginalizadas e excluídas do progresso da nação. Tal retrato social permanece até os dias atuais.

Através de normas jurídicas os africanos que aqui eram escravizados eram tidos como coisa, isso para efeitos civis. Já para efeitos penais, na posição de vítima eles continuavam sendo considerados como coisa, mas na posição de réu eram considerados como pessoa, ou seja, recebiam punições e represálias. O sistema de leis penais foi criado basicamente para criminalizar a vida dos escravos. O Código criminal do Império de 1830 previa a responsabilidade penal aos 14 anos. Havia a pena de morte para os escravizados na Lei nº 4, de 1835. Seu artigo primeiro dizia:

> Art. 1º Serão punidos com a pena de morte os escravos ou escravas, que matarem por qualquer maneira que seja, propinarem veneno, ferirem gravemente ou fizerem outra qualquer grave offensa physica a seu senhor, a sua mulher, a descendentes ou ascendentes, que em sua companhia morarem, a administrador, feitor e ás suas mulheres, que com elles viverem.
> Se o ferimento, ou offensa physica forem leves, a pena será de açoutes a proporção das circumstancias mais ou menos aggravantes.

Houve o Código de Postura em 1886, o Decreto-Lei 3688/41 que previa a vadiagem como contravenção penal. Foi criminalizada a insurreição e a mendicância. Punia outras religiões, ou seja, as de matriz indígenas e africanas.

Destruição de quilombos. Tinham as penas de açoite e ferros para escravos. Era proibido escravos nas ruas após as 22 horas sob pena de prisão.

Ainda, era proibida a admissão de escravizados no ensino. A década de 1850 tem como marco o Decreto Couto Ferraz de 1854, que regulamentava o ensino primário e secundário da Corte. Ele instituía que, no ensino primário não eram admitidas matrículas de escravos, nem podiam frequentar as escolas. A interdição também era para a instrução secundária. Isto demonstra historicamente a ausência negra entre os sujeitos alfabetizados. Já foram conquistados direitos que incluem negros em escolas e universidades, mas essa luta ainda está longe do fim. Dessa forma, a elite dominante da época aliada do Estado enfrentava o "problema negro" através do método do isolamento que definia o que era considerado ilegal e imoral socialmente.

Alessandro Baratta em "Criminologia Crítica e Crítica do Direito Penal: introdução à sociologia do direito penal" é capaz de resumir como se constitui a realidade criminal brasileira, que se deu/dá através da política com vistas à manutenção do poder de alguns (2002, p.165):

> As maiores chances de ser selecionado para fazer parte da "população criminosa" aparecem, de fato, concentradas nos níveis mais baixos da escala social (subproletariado e grupos marginais.) A posição precária no mercado de trabalho (desocupação, subocupação, falta de qualificação profissional) e defeitos de socialização familiar e escolar, que são características dos indivíduos pertencentes aos níveis mais baixos, e que na criminologia positivista e em boa parte da criminologia liberal contemporânea são indicados como as causas da criminalidade, revelam ser, antes, conotações sobre a base das quais o status de criminoso é atribuído.

Na mesma obra ele acrescenta (2002, p.198 e 199):

> Por outro lado, o sistema das imunidades e da criminalização seletiva incide em medida correspondente sobre o estado das relações de poder entre as classes, de modo a oferecer um salvo-conduto mais ou menos amplo para as práticas ilegais dos

grupos dominantes, no ataque aos interesses e aos direitos das classes subalternas, ou de nações mais fracas; além disso incide, em razão inversamente proporcional à força e ao poder de controle político alcançado pelas classes subalternas, no interior das relações concretas de hegemonia, com uma mais ou menos rigorosa restrição da esfera de ações políticas dos movimentos de emancipação social.

Com isso é observado no processo de construção da nação brasileira uma criação de sistema que visava criminalizar determinado grupo. São condições naturalizadas por discursos advindos do sistema de justiça daquela sociedade, portanto discursos que passavam a ser coerentes e verdadeiros. Ocorre que, tal mecanismo perdura até hoje, justamente por favorecer a classe dominadora.

Não houve no país leis contra a discriminação racial, pelo contrário foi negligenciada políticas públicas de inserção para os ex-escravos. Foram produzidos arcabouços jurídicos que perseguisse sua cultura e definissem suas vidas. Nesse sentido, Alex Ratts e Flavia Rios mostram que (2010, p.78): "Práticas sistemáticas de rejeição aos negros aconteciam no mercado de trabalho, em espaços públicos e em locais destinados ao lazer".

Outrossim, é válido citar e agregar resumidamente que a elite dominante responsável pela produção discursiva que determinava as práticas sociais da época possuía costumes ocidentais e recebia grande influência da igreja. Podemos constatar tais quesitos na obra "Lélia Gonzalez" de Alex Ratts e Flavia Rios (2010, p.68):

> A formação cultural brasileira se fez a partir de um modelo que poderíamos chamar de eurocatólico. Por isso mesmo, nossas festas populares se realizam no espaço simbólico estabelecido por esse modelo. Desse modo, as festas gerais, como Natal, Carnaval, São João e Aleluia, inscrevem-se no calendário fixado pela Igreja, o mesmo ocorrendo com aquelas de caráter mais restrito.

Portanto, tudo que era contrário a esses costumes tidos como padrão foi perseguido, subjugado e apagado. Ainda por se tratar de um controle católico tudo que era relacionado à cultura dominada era demonizado.

Também na obra de Célia Azevedo "Onda negra medo branco" é demonstrado tal domesticação dos negros (1987, p.56): "Por último, a instrução dos escravos na doutrina cristã e nos bons costumes completaria a obra de sujeição interior do negro ao branco". Os dominadores ao tornar tais preceitos como verdadeiros, por força discursiva, pregavam que só assim eles iriam perder seu espírito selvagem e agressivo.

1.4.　A REALIDADE CARCERÁRIA BRASILEIRA

A população carcerária possui em massa um maior quantitativo negro, pobre e periférico. Esse cenário é praticamente uma realidade planejada e arquitetada, quando partimos para investigar registros da época do fim da escravidão que retratam as prisões com fins de deposito da população negra, população recém liberta e sem perspectivas de vida. Não foram planejadas políticas públicas para acolher e ingressar essas pessoas na sociedade, portanto ficaram destinadas à margem da sociedade. Até hoje, com a idealização de um Brasil puro e branco existe uma perseguição à população negra.

O primeiro Código Penal de 1830 trouxe o marcou do nascimento da prisão no Brasil. A Casa de Correção da Corte foi a primeira instituição carcerária construída. A ideia era humanizar as sentenças e, como o próprio nome sugere, corrigir os infratores. Teve inspiração arquitetônica no projeto carcerário de Jeremy Bentham, o Panóptico.

Ele previa uma torre central cercada por celas que eram distribuídas de modo que um único vigilante pudesse observar todas as dependências do presídio. O projeto também previa um local humanitário e digno, porém, não ocorreu como planejado. A estrutura não conseguiu reproduzir o "efeito panóptico". Não tinha o ponto único para a vigilância, as questões humanitárias também não foram respeitadas, dessa forma o local se tornou um depósito de seres humanos. O mais preocupante é que isso não se tornou um incomodo para as pessoas até os dias de hoje, pelo contrário quanto mais humilhante for o local significa que a pena está sendo justa. Michel Foucault em Vigiar e Punir comenta (2003, p.249):

> Mas o efeito mais importante talvez do sistema carcerário e de sua extensão bem além da prisão legal é que ele consegue tornar natural e legítimo o poder de punir, baixar pelo menos o limite de tolerância à penalidade. Tende a apagar o que possa haver de exorbitante no exercício do castigo, fazendo funcionar um em relação ao outro os dois registros, em que se divide: um, legal da justiça, outro extralegal, da disciplina.

O perfil dos prisioneiros da Casa de Correção da Corte era na sua maioria de detentos entre 21 e 40 anos, e de pessoas solteiros. Eram também classificados como escravos ou africanos libertos. A prisão era povoada por homens negros em quase sua totalidade. O que se conclui que esse modelo servia para controlar e disciplinar os negros libertos, que não estavam mais sob a tutela de um senhor.

Segundo dados extraídos da SISDEPEN, Sistema de informações do departamento penitenciário nacional, plataforma de estatísticas do sistema penitenciário brasileiro que sintetiza as informações sobre os estabelecimentos penais e a população carcerária, localizado no site do DEPEN, Departamento penitenciário nacional, revela que a população carcerária atual, considerando os presos em unidades prisionais é de 702.069 mil, esse levantamento foi feito entre o período de janeiro a junho de 2020. Desses presos 209.257 são provisórios, equivalendo a 29,81% da população total; 344.773 (49,11%) estão em regime fechado, 101.805 (14,5%) no semiaberto, por sua vez 43.325 (6,17%) ocupam o regime aberto.

Em relação a faixa etária, levando em consideração a quantidade total de 753.966 mil presos incluindo dados das unidades de monitoramento eletrônico e o Patronato Central de Curitiba-PR, no período entre janeiro e junho de 2020, destes estão entre a faixa etária de 18 a 24 anos 159.971 (21,22%) presos, entre 25 a 29 anos tem 155.988 (20,69%) presos, e sem informação 103.975 (13,79%).

Em relação a composição da população por cor/raça no sistema prisional, entre o período de julho a dezembro de 2019, tem-se o total de 657.844 mil presos. Incluindo o gênero feminino e masculino desse total 110.611 (16,81%) são pretos, 328.108 (49,88%) são pardos, 212.444 (32,29%) brancos, 5.291 (0,8%) população amarela, 1.390 (0,21) população indígena (0,21%).

Quanto a incidência por tipo penal será inferido a partir do quantitativo total de 717.322 presos, excluindo-se os presos que não estão sob tutela dos sistemas penitenciários, e incluindo os dados das unidades de monitoramento eletrônico. Esse levantamento ocorreu entre o período de janeiro a junho de 2020. Atualmente, os crimes que mais prendem são os crimes contra o patrimônio correspondendo a 277.263 (38,65%) incidências e o tráfico de drogas que corresponde a 232.341 (32,39%) incidências. Ocorre que, o sujeito ator deste crime sempre é o pobre favelado e não o rico que mora em condomínio e anda de avião. Isso reflete mais uma vez os problemas de desigualdade social presente na população extramuros. O tráfico é uma atividade atrativa para as pessoas desprovidas de oportunidades no mercado de trabalho, ou até mesmo de formação educacional.

Em contrapartida os crimes contra a administração pública, que tem como agente infrator os servidores públicos, pessoas mais sucedidas financeiramente apresentam um índice de incidência de 1.209 (0,17%). Esses são os crimes conhecido por crime de colarinho branco, referem-se ao crime não-violento, financeiramente motivado, cometido por profissionais de negócios e do governo. Por atingir um público que detêm poderes, que ditam e fazem o direito consequentemente são beneficiados por tais prerrogativas. Mais uma vez se repete as desigualdades sociais.

Outro dado preocupante é o grande quantitativo de presos provisórios, que ainda não tiveram sentenças definidas, ocupando o mesmo espaço que presos definitivos. Dito isso, é importante afirmar que a prática de encarcerar presos provisórios e presos condenados no mesmo estabelecimento viola o direito internacional e a legislação nacional. Dados do texto "O Estado deixou o mal tomar conta" demonstra (2015, p.23):

> Cinquenta e nove por cento de todos os presos em Pernambuco são presos provisórios, de acordo com os dados mais recentes do Departamento Penitenciário Nacional. Eles gozam da presunção de inocência, mas, ainda assim, são mantidos nas mesmas unidades em que estão presas pessoas condenadas, em uma flagrante violação das normas internacionais.

A população carcerária é fruto de um direito penal seletivo, essa exclusão social reflete, também, no momento da execução da pena, pois não é observada a devida dignidade e os direitos previsto na Lei de Execução Penal (LEP). As prisões brasileiras apresentam péssimas condições: superlotação, condições insalubres, demora em julgamentos, violações de direitos, maus-tratos. Michel Foucault comenta (2003, p.254):

> Que, consequentemente, as noções de instituição de repressão, de eliminação, de exclusão, de marginalização, não são adequadas para descrever, no próprio centro da cidade carcerária, a formação das atenuações insidiosas, das maldades pouco confessáveis, das pequenas espertezas, dos procedimentos calculados, das técnicas, das "ciências" enfim que permitem a fabricação do indivíduo disciplinar.

Ao entrar na vida criminosa o cidadão perde sua dignidade humana, ele não é visto com o seu devido respeito. O condenado que não recebe tratamento humano, igualitário, que perde o contato com a sociedade dificilmente voltará socializável. A realidade dentro das prisões é desumana. Um trabalho de visitas às penitenciárias realizado no Estado de Pernambuco pela Human Rights Watch que resultou no texto "O Estado deixou o mal tomar conta" relata (2015, p.2):

> As péssimas condições sanitárias e de ventilação, aliadas à superlotação e à falta de cuidados médicos adequados, fazem com que doenças se espalhem entre os presos. A prevalência de infecção pelo vírus HIV nas prisões pernambucanas é 42 ve-

zes maior que a média observada na população brasileira; a de tuberculose chega a ser quase 100 vezes maior. As enfermarias das prisões sofrem com a falta de profissionais e medicamentos e presos doentes muitas vezes não são levados aos hospitais por falta de escolta policial. As prisões do estado também sofrem com severa escassez de pessoal, contando com menos de um agente penitenciário para cada 30 presos – a pior relação do Brasil, onde a média é de um guarda para cada oito presos, de acordo com dados oficiais. O Ministério da Justiça considera como adequada a taxa de um agente para cada cinco presos. Em uma prisão pernambucana que funciona em regime semi-aberto, onde alguns presos saem para trabalhar e retornam ao fim do dia, apenas quatro agentes penitenciários ficam de plantão em cada turno para se ocuparem de 2.300 detentos.

Presos brasileiros vivem em espaços precários, muitas vezes dormem no chão; não recebem higiene adequada; sofrem violência sexual, são casos de estupros coletivos. À época da visita da Human Rights Watch (2015), o Presídio Agente de Segurança Penitenciária Marcelo Francisco de Araújo (PAMFA) abrigava 1.902 presos, embora tivesse sido projetado para apenas 465, uns desses presos dormiam no chão, em um pátio estreito com espaços divididos por lençóis, apenas a alguns passos de um esgoto a céu aberto. Michel Foucault já comentava sobre a situação degradante das prisões (2003, p.214):

> Essa região mais sombria do aparelho de justiça, é o local onde o poder de punir, que não ousa mais se exercer com o rosto descoberto, organiza silenciosamente um campo de objetividade em que o castigo poderá funcionar em plena luz como terapêutica e a sentença se inscrever entre os discursos do saber.

Portanto, as prisões são os espaços de coerção estatais que mais servem de controle e em primeira instância abrigo para aqueles que são perseguidos e precisam ser afastados do progresso social, a realidade é criada e categorizada para que a população negra seja o principal ator da criminalidade, quando na verdade são vítimas dos controles dos poderosos.

Dessa forma, compreende-se que o problema da criminalidade não diz respeito apenas ao Estado, em seu viés protetor e/ou na sua forma de poder punitivo; ou ao Direito Penal. As questões que envolvem o Sistema Penitenciário devem recair também, a um aparato de saberes históricos, humanos. Cabem ainda, às ciências sociais e à ciência linguística, pois a forma que se constituiu (constitui) a realidade brasileira foi através da herança de costumes escravocrata, onde a população negra sempre estevem nas mãos da vontade do branco.

O Brasil conta com uma legislação bastante eficaz a LEP, que versa sobre a execução da pena de forma humana, respeitando as individualidades de cada apenado, prevendo um aparato de assistência jurídica, social e até apoio da população em geral através dos órgãos da execução penal. Ela traz alguns pontos necessários e extremamente importantes para garantir um resultado satisfatório tanto para aquele que cometeu uma infração quanto para a sociedade que convive com números elevados de criminalidade.

Segundo a exposição de motivos da Lei de Execução Penal (LEP) número 86: não se admite que o fenômeno da execução das penas e das medidas de segurança se mantenha neutro em relação aos aspectos variados e dinâmicos da delinquência e da Justiça Criminal, nos quadros da prevenção e da repressão dos ilícitos penais. Nem que persista como processo indiferente ou marginal às preocupações do Estado e da comunidade quanto aos problemas de Política Criminal e Penitenciário, de Estatísticas de planificação geral de combate ao delito, de avaliação periódica do sistema penal para sua adequação às necessidades do País, de estímulo e promoção das investigações criminológicas, de elaboração do programa nacional penitenciário e de formação e aperfeiçoamento do servidor, de estabelecimento de regras sobre arquitetura e construção de estabelecimentos penais, de inspeção e fiscalização dos estabelecimentos penais e dos poderes de representação sempre que ocorra violação das normas de execução ou quando o estabelecimento estiver funcionando sem as condições adequadas.

Mas a população não é aberta às questões de política criminal, o Estado que deveria propor medidas para aprimorar o sistema prisional repercute um Estado de medo, abre espaço para que haja aversão aos condenados e acusados, distanciamento de classes e preconceitos. O sistema prisional reflete a estrutura vertical da sociedade e contribui para criá-la e para conservá-la, através de mecanismos de seleção, discriminação e marginalização. Nesse sentido Alessandro Baratta ensina (2002, p.180):

> Enfim, como no interior do microcosmo escolar, assim no macrocosmo social, o mecanismo de marginalização posto em ação pelos órgãos institucionais é integrado e reforçado por processos de reação, que intervêm ao nível informal. Estes dizem respeito sobretudo à "distancia social", que isola a população criminosa do resto da sociedade, e à "proibição de coalizão", que desencoraja toda forma concreta de solidariedade com os condenados e entre eles.

A população carcerária é nada mais nada menos do que o retrato fiel da realidade extramuros, repetindo as mesmas desigualdades, as mesmas exclusões. É de fato um local para deixar à margem aqueles que devem ficar longe do progresso social.

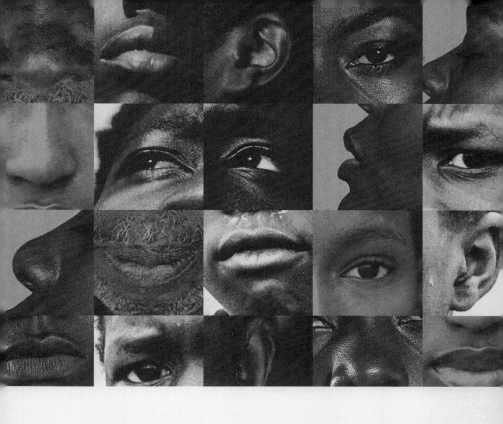

2
ANÁLISE CRÍTICA DO DISCURSO E A FORMAÇÃO SOCIAL DO BRASIL

2.1. BREVE CONSIDERAÇÕES SOBRE A ANÁLISE DE DISCURSO CRÍTICA

Quando foi percebido que a língua é um potencial instrumento de dominação, surgiu a necessidade de aliar os estudos linguístico aos estudos sociais, para extrair a fundo os problemas sobre desigualdades sociais, os problemas entre raças, e controle de poder. Outrossim, estudiosos e pesquisadores insatisfeitos com tais questões almejavam sanar essas irregularidades sociais através das contribuições de seus estudos.

A análise de discurso crítica (ADC) caiu como luva, pois ela é tanto teoria como método que traça reflexões teóricas sobre o uso da linguagem nas práticas sociais, além de propor métodos de análise de textos. Ela envolve diversas abordagens científicas e, portanto trata-se de estudos interdisciplinares e transdisciplinares. No tocante a transdisciplinaridade, compreende-se por meio de estudos extraídos do livro "Análise de discurso crítica para linguistas e não linguistas" que é relevante abordar sobre a transdisciplinaridade da ADC porque o caráter transdisciplinar da ADC advém de sua própria origem, de sua concepção de discurso, de seu caráter crítico, de sua visão dialética, mas também de suas possibilidades metodológicas.

É importante pormenorizar o conceito da visão dialética da ADC, por tratar-se de um estudo que envolve diversos fenômenos da sociedade, diversas práticas discursivas e jogos de poder. É preciso levar em consideração o envolvimento entre práticas sociais e práticas discursivas, uma vez que uma depende/influência a outra. Portanto, segundo o mesmo livro (2018, p.69), conclui-se que:

> A visão dialética da ADC tem afinidade com o caráter transdisciplinar porque, se os elementos da vida social são diversos e distintos e moldam-se mutuamente, o conhecimento e a compreensão desses elementos ganham com as contribuições de outras disciplinas.

Ademais, cumpre explanar os conceitos de práticas sociais e práticas discursivas. Conforme "Análise de Discurso Crítica para linguistas e não linguistas" (2018, p. 107 e 108):

> As práticas sociais são as entidades organizacionais que fazem mediação entre estruturas sociais e eventos. As línguas como estruturas sociais constituem possibilidades, selecionadas por uma rede de práticas sociais no aspecto linguístico, ou ordens de discurso, e se concretizam em textos. Assim, as práticas sociais articulam o discurso como linguagem, juntamente com outros elementos não discursivos.

Sendo o discurso à aplicação prática da linguagem, desse modo, está atrelado às vivências sociais dos indivíduos. Destarte, alude Luciane Lira e Regysane Alves (2018,p.110):

> As práticas discursivas estão imbuídas nas práticas sociais e envolvem processos de produção, distribuição e consumo dos textos. Assim, textos são elaborados em contextos específicos e englobam modos de produção, distribuição e consumo diversificados.

De acordo com Faircloguh (2001) a prática discursiva contribui não apenas para reproduzir a sociedade, em suas identidades e relações sociais, e sistemas de conhecimento e crença, como também, possibilita sua transformação. Entretanto as práticas discursivas não são igualmente desenvolvidas por todos os atores envolvidos na prática, uma vez que o acesso aos recursos necessários para desenvolvê-las não é igualitário.

Tais considerações possibilitam compreender as interações e relações sociais com suas crenças e valores, para tanto há sempre um estudo envolvendo o texto e a sociedade. Alguns dos principais autores da análise de discurso crítica são: Teun van Dijk, Norman Fairclough, Gunther Kress, Theo van Leeuwen, Ruth Wodak, dentre outros.

Fairclough (2010 [1995]) propõe um método tridimensional de análise discursiva baseado nas seguintes premissas: todo discurso se manifesta em um texto, seja ele apenas linguístico, multimodal, oral e/ou escrito; todo discurso é processado por uma prática discursiva de produção, distribuição, consumo e interpretação textuais; todo discurso se encaixa em uma prática social/sociocultural. Em "Análise de discurso crítica para linguistas e não linguistas" mostra como Fairclough esclarece bem essa questão (2018, p.94):

> Diferentes discursos são perspectivas sobre o mundo e estão associados às distintas relações que as pessoas assumem com o mundo, o que, por sua vez, depende de suas posições do mundo, de suas identidades sociais e pessoais e das relações sociais que elas instauram com os outros. Discursos não só representam o mundo como ele é (ou melhor, como ele é visto); eles são também projetivos, imaginários, representando mundos possíveis que são diferentes do mundo real e que estão ligados a projetos para mudar o mundo em determinadas direções.

A grande intenção da ADC é interpretar os diferentes discursos nas práticas sociais. Através dela é capaz de identificar quais discursos são dominantes e porque são mantidos dessa maneira. Segundo Josenia Vieira e Denise Macedo (2018, p.50):

> Essa definição de ADC considera a relação dialética entre discurso e sociedade: ambos se moldam reciprocamente. A ADC concentra sua atenção nessa relação porque está interessada em analisar relações estruturais, transparentes ou veladas, de discriminação, de poder e de controle manifestas no discurso. Em outras palavras, a ADC almeja investigar, criticamente, como assimetrias são expressas, sinalizadas, constituídas, legitimadas, naturalizadas e mantidas por algum tempo, pelo discurso.

Como nosso foco de análise é a população negra, será analisado quais são as práticas discursivas que definem a realidade social dessas pessoas, analisado como elas vão se desenvolver em sociedade, como vão se destacar das demais pessoas. Nas relações sociais entre as pessoas brancas e pretas predominou o sentimento de superioridade entre o primeiro grupo sobre o segundo. A população branca para manter esse status se aproveitou de discursos políticos para garantir sua hegemonia.

Foi visto como a escravidão definiu o modo de relação social entre as pessoas, deixando o racismo estrutural presente até hoje. A atividade escravista, hoje em dia, pelo menos em teoria é ilegal. Mas, para manter as formas de relações baseadas na escravidão buscou-se produzir novas práticas discursivas que ensejassem nossas atividades no cotidiano dos indivíduos, a fim de perpetuar a prática discriminatória entre as pessoas.

Os dados estatísticos da população carcerária não demonstram que a população negra é mais violenta, ou mais propensa a delinquir, não. São apenas reflexos de discursos que tinham a intenção de manter essa distinção, por exemplo, o surgimento de leis que criminalizavam atividades próprias da cultura africana, ou a criação de leis que afastam verdadeiramente a população branca e negra.

A ADC através dos seus estudos potencializa o ator social como agente capaz de transformar as relações desiguais de poder. Isso é bem abordado em "Análise de Discurso crítica para linguistas e não linguistas" (2018, p.50):

> Revelar tais mecanismos é crucial, uma vez que, como afirmou Jan Blommaert (2005), parte das desigualdades sociais, em qualquer sociedade, decorre das desigualdades linguísticas, que decorre da pressão para que o falante opere funções do discurso com base em recursos disponíveis, mas desigualmente acessíveis.

A população negra é a parcela populacional desprestigiada desses recursos linguísticos de poder, portanto, faz-se necessário uma análise crítica de como a formação social dispõe da exploração discursiva para, por fim, sanar tais desníveis e colocar o ator social desprestigiado em posição de agente político, agente humano e também pensante. Para Van Dijk (2003) citado por Paulo Roberto (2018,p.89):

> A ideologia posiciona os atores sociais em grupos identitariamente coesos, criando uma oposição entre *nós e eles*. É dessa oposição - que implica diferentes valores, crenças e desejos, além de distintas capacidades de acessar e mobilizar recursos materiais e semióticos - que emerge o conflito social, na medida em que cada lado busca legitimar - e muitas vezes, normatizar e impor - suas ações, projetos e reivindicações, o que torna toda e qualquer prática social um palco para a alternatividade e para a contradição entre formas de representar, agir e ser.

O sistema linguístico é dinâmico, pois se adapta às necessidades dos atores sociais, que interagem em múltiplos contextos, com distintos objetivos comunicativos, sob as coerções de redes de práticas diversas. Para Gabriel Nascimento (2019, p.20):

> Se, por um lado, o sujeito se submete à língua, por outro, a língua muda por meio do sujeito e das convenções criadas através da língua que não são autoconscientes. Por isso, as línguas têm sujeitos por trás delas. De outra forma, as línguas não são neutras e sempre são atravessadas por processos de poder, como os próprios sujeitos.

O mesmo autor conclui (2019, p.21): "A língua não é só modificada, mas está sempre submetida aos projetos de poder. Ela própria é um projeto de poder".

Nas sociedades de classes e nas sociedades racializadas, a necessidade de domínio e controle de um grupo a outro determina as relações sociais e vice versa. No momento histórico do colonialismo, por exemplo, a racialização foi necessária para legitimar tal prática. Por isso, deve ser utilizado a ADC, pois ela é o estudo do uso da linguagem dentro das práticas sociais, com isso é capaz de se inferir a construção da realidade dos indivíduos. Gabriel Nascimento resume bem tal ponto quando afirma que (2019, p.45):

A capacidade da língua permite ao sujeito muito mais do que representar o mundo, mas, tomando os processos linguísticos analisados por Mikhail Bakhtin (1997) e seu círculo, se trata também de agir sobre o mundo e permitir que os sujeitos ajam sobre o mundo através dos seus falares. Ou seja, o sujeito da língua não está dicotomicamente posta em relação ao mundo e à realidade, mas nela agindo a todo instante.

Segundo Mikhail Bakhtin (1997), os sujeitos modificam a língua e a língua modifica o sujeito. Portanto, através dessa flexibilidade aliados com outros elementos da linguagem pensados por Bakhtin, somados ainda a compilados de estudos feitos através da ADC será mostrado em tópicos mais adiante como poderá existir a emancipação da população negra. Gabriel Nascimento (201, p.55) afirma que: "Os estudos da linguagem têm muito a aprender com essas vozes negras interdisciplinares pós-coloniais, pan-africanistas ou decoloniais".

2.2. ANÁLISE CRÍTICA DO DISCURSO E A COMPREENSÃO DA CONSTRUÇÃO SOCIODISCURSIVA DO BRASIL

Como já bastante debatido, sabe-se que a história do Brasil é baseada no contexto da colonização e da escravidão da população negra. Até quando a maioria dos países começaram a criminalizar tal prática o Brasil ainda insistia em explorar a população negra, a elite branca queria manter seu poderio à custa de vidas consideradas inferiores às suas.

Os movimentos abolicionistas, por sua vez surgiram não para pôr fim a essa prática, mas foi uma estratégia para desviar o foco de dominação para outro que possivelmente iria trazer mais benefícios. Explica-se. É trazido no livro "Onda negra, medo branco" de Célia Azevedo (1987) interpretações sobre a tese de defesa daqueles que queriam acabar com a escravidão, essas interpretações feita por Tavares Bastos, resumia a problemática à uma questão de compaixão pelo oprimido, mas que na realidade visava sobretudo afastar os "prejuízos" resultantes deste regime de trabalho.

Em *Cartas do Solitario*, extraída do mesmo livro, mostra que estes prejuízos são demonstrados a partir da tese de inferioridade racial dos africanos, já atestada, cientificamente. Para este autor, a ciência já não deixava dúvidas de que entre o branco e o negro, ou "entre esses dois extremos", havia de fato um "abismo que separa o homem do bruto". Portanto o regime de trabalho escravista padecia de problemas inerentes a própria raça de escravos originários da África.

Os escravos ora tinham características de selvagens, de natureza bárbara, e dessa forma deveriam ser corrigidos e domesticados pelos brancos, ora eram vistos como submissos e passivos às ordens e punições dos seus senhores. Apesar da contradição, existe sempre a ideia de sujeição aos brancos, especialmente do ponto de vista discursivo que adequavam os escravos conforme seus interesses.

Iniciando um dos objetivos primordiais desse trabalho que é a investigação da formação social do Brasil através da Análise de Discurso Crítica (ADC), cumpre destacar uma as grandes bases conceituais de sustentação e fundamentação da ADC que é a representação, ela é um processo de construção social das práticas - incluindo a autoconstrução reflexiva. As representações adentram e modelam os processos e práticas sociais. Nesse sentido, o termo práticas pode - e deve – englobar segundo Paulo Gonçalves-Segundo (2018, p.84):

> Tanto as ações sociais instanciadas em coordenadas espaço temporais localizadas, quanto sua relativa permanência e padronização resultante da reprodução dessas ações. Em outras palavras, são as ações localizadas dos atores sociais que estabilizam, em maior ou menor grau, a prática, do mesmo modo que o conhecimento internalizado da prática ajusta o modo de agir do ator social aos limites previstos por essa mesma prática. Em consequência disso, torna-se imprescindível considerar uma dimensão reflexiva e cognitiva inerente ao agente mobilizador e (re)produtor da prática (Giddens, 2009; Van Dijk, 2003. Gonçalves-Segundo, 2011).

Fairclough (2003) afirma que as representações são operacionalizadas pelo poder na constituição de processos de dominação e exploração, a ponto de serem inculcadas em identidades (estilos) que repercutem nas formas crenças/valores/desejos e no próprio modo de agir.

Em relação à articulação entre práticas, é importante ressaltar que ela está diretamente associada à dinâmica de poder. Nesse sentido, as permanências consistem em resultado do jogo de poder em uma rede de práticas, em geral, ideologicamente legitimadas.

Diante do exposto, aplicando a ADC na formação social do Brasil tem-se por base as palavras de Gabriel Nascimento (2019, p.19): "entendo que o racismo é produzido nas condições históricas, econômicas, culturais e políticas, e nelas se firma, mas é a partir da língua que ele materializa suas formas de dominação".

A língua não é só modificada, mas está também submetida aos projetos de poder. Ela própria é um projeto de poder. Nesse sentido Gabriel Nascimento aduz (2019, p.22):

> Ao serem politizadas, as línguas têm cor, gênero, etnia, orientação sexual e classe porque elas funcionam como lugares de desenhar projetos de poder, dentre os quais o próprio colonialismo fundado a partir de 1492 e a colonialidade que ainda continua entre nós como continuidade dele.

Em relação ao período colonial será aberta uma discussão através das ideias do brilhante Gabriel Nascimento. Ele identifica o papel da língua e como ela foi utilizada para controlar esse contexto. Através de Stuart Hall (2009) ele conclui que racismo não é apenas um discurso, mas a estrutura onde se originaram os discursos da colonialidade. Gabriel entende que a linguagem é um objeto usado no ocidente para fortalecer os regimes colonialistas e, com isso, nomear e conceituar o mundo. Assim (2019, p.36): "Ao fazer isso, a linguagem passou a figurar como uma das maiores ferramentas usadas para o processo de dominação dos não brancos".

Na sua obra "Racismo Linguístico" ele analisa a relação entre língua e racismo, o uso da linguagem na vida social, como as identidades são racializadas. Ele entende que a sociedade brasileira é um lugar das insistentes consequências da colonização. E, portanto anuncia (2019, p.67):

> Em minha hipótese principal aqui desenhada como homem negro, a racialização é a anunciação que permite formar raça enquanto enunciado nas hierarquias de poder do sistema-mundo (...) Por outro lado, para existir, a racialização precisa estar localizada em uma agenda da história, que, no nosso caso, é o colonialismo e o capitalismo.

Nascimento também fala sobre o epistemicídio elaborado pelo professor Boaventura de Souza Santos, que trata da destruição de formas de conhecimento e cultura que não são assimiladas pela cultura do ocidente branco. Portanto as contribuições de saberes que não são oriundas do ocidente se tornam completamente desvalorizadas até chegarem ao ponto de serem invisíveis.

Para Gabriel Nascimento o epistemicídio é linguístico quando desapropria o sujeito de seu próprio direito de produção do saber. Ou seja, quando ao sujeito negro ou indígena é negada a possibilidade de ser sujeito da língua e, portanto, compreender e modificar dinamicamente a língua. A título de exemplificação pode-se citar a catequização dos indígenas pelos padres Jesuítas vindos de Portugal. Nesse sentido ele explica que (2019, p.27):

> Esse fenômeno não pode se dar sem um amplo processo de epistemicídio, que vai matando os negros e indígenas aos poucos através da morte física e da morte do pensamento. Entendo ainda epistemicídio a partir de Santiago Castro-Gomez (2007) que analisa que a colonialidade fincou em torno de si na modernidade o ponto zero, sendo esse o lugar de partida. Ou seja, o colonizador, ao ser o ponto zero impõe ao colonizado formas de organização que ele concede a partir de si como ponto zero. Isso cria a forma de racismo que, embora não vinculado biologicamente ao racismo de cor, tem nele seu ponto de partida e lhe é complementar. Trata-se do racismo epistêmico ou racismo científico.

O aniquilamento dos saberes ancestrais africanos e dos povos originários do território brasileiro era necessário para que eles não se reverberassem e sobrepusessem à cultura dos colonizadores e de seus herdeiros. Através de discursos de superioridade tais realidades foram apagadas para dar lugar à hegemonia branca e ocidental. Gabriel Nascimento também introduz Fanon para afirmar que (2019, p. 49): "a colonialidade por meio da língua(gem) é uma das formas de sepultar as chamadas originalidades locais dos povos colonizados".

Voltando aos pressupostos da ADC tem-se a abordagem social proposta por Fairclough que focaliza a linguagem, mais especificamente, o discurso. Através desse panorama o discurso é visto como o "uso da linguagem" como prática social, para além das atividades individuais ou do resultado das variáveis de situação. Dessa forma, a linguagem é parte irredutível da vida social, e, portanto contribui para a sua formação. Por conseguinte, não há como entender a realidade do Brasil sem a análise do papel da língua e como ela foi utilizada nos processos de constituição da história brasileira.

As pessoas excluídas estrategicamente dos lugares de destaque da produção discursiva, não perdem apenas as suas características particulares, mas também a sua autonomia e o seu processo de desenvolvimento social fica dependente dos anseios dos poderosos.

Destarte, devem-se dar evidências a esses atores sociais invisibilizados. Mais uma vez é importante recorrer a Análise de Discurso crítica (ADC), pois como cita Luciane Lira e Regyane Alves ela visa (2018, p.115):

> Apontar caminhos para que relações assimétricas de poder, em alguma medida sustentadas pelas linguagem/semiose, possam ser superadas pelos sujeitos participantes das práticas sociais envolvidas nesse processo de luta hegemônica.

O sociólogo Boaventura de Sousa Santos propõe como forma de combate ao epistemicídio a "sociologia das ausências e das emergências". A sociologia das ausências consiste numa investigação que visa demonstrar que aquilo que não existe é, na realidade, ativamente produzido como não existente. Seu objetivo é transformar as ausências em presenças plurais.

Já a sociologia das emergências consiste em proceder uma ampliação simbólica dos saberes, das práticas e dos agentes, de modo a identificar neles as tendências de futuro. A fim de viabilizar tais comandos pode-se aplicar as contribuições teóricas desenvolvidas por Gabriel Nascimento (2019, p.57):

> É necessário que a própria arregimentação de categorias raciais crie nos estudos linguísticos e nas pessoas comprometidas contra o racismo uma necessidade de investimento de teorizações que desnudem a própria estrutura do racismo.

Ele ainda conclui (2019, p.64):

> Assim, desnudar o racismo que se entrelaça nas políticas linguísticas é uma forma de desbranquear uma Linguística vítima de um branqueamento racista desde que passou a ser vista como ciência, que cega suas próprias estruturas, gerando análises globalizantes e totalizantes, ignorando dados raciais e sociais que geram desigualdades para os próprios falantes e sujeitos da linguagem.

No próximo capítulo continuará a análise de discursos mais atuais, que mantêm a formação social do Brasil nos mesmos moldes de décadas passadas.

2.3. A SOCIOCONSTRUÇÃO TEÓRICA DA REPRODUÇÃO E (RE) ESTRUTURAÇÃO DA CULTURA DO RACISMO NO BRASIL

Como visto, a população carcerária é fruto de um direito penal seletivo, esse tipo de exclusão social remete também às divisões de classes e raças, onde se observa que a camada inferioriza e subjugada é sempre a que tem pele escura.

Para que o status quo, herdado do Brasil colônia e pós-colonial permaneça são criados discursos que causam verdadeira distinção de classes e raças. Segundo Gabriel Nascimento (2019, p.47): "A linguagem é um processo multiplicador do racismo enquanto instituição básica e estrutural das nossas sociedades modernas". Como a população inferiorizada e marginalizada é relacionada à criminalidade e como o objetivo deste trabalho é investigar como a criminalidade foi relacionada à população negra será analisado os discursos que tem o intuito de provocar uma verdadeira aversão ao criminoso, sentimento de vingança para com eles. Fairclough *apud* por Décio Bessa e Denise Sato afirma (2018, p.153):

> Para identificar e analisar discursos como "representação"/"construção" de aspectos da vida social, Fairclough (2003/2009) sugere levar em conta o grau de repetição de determinado discurso, bem como uma relativa estabilidade ao longo do tempo e sua identificação/correlação com determinados grupos de pessoas. Uma palavra ou frase podem remeter a determinado discurso, mas não o fazem por si sós, é necessário atentar ao texto/contexto para chegar a essa conclusão - as relações semânticas estabelecidas colaboram com a tarefa.

Para exemplificar como um discurso é capaz de determinar por bem ou por mal os rumos das sociedades e a vida das pessoas vejamos um exemplo extraído do livro "Racismo Linguístico" de Gabriel Nascimento (2019, p.93):

> A visão romantizada da África é cruel, porque foi através desse discurso que ela foi explorada. A reprodução de uma África como um lugar que merece chancela, a partir do ocidente, da autodeterminação, apenas ignora comunidades que foram, desde sempre, automovidas e autodeterminadas. Trata-se da mesma visão muitas vezes reproduzida entre brancos e negros no Brasil, que teoriza e idealiza sempre a África, ora como ponto de partida e como lugar de mágoas, ora como lugar que remete a uma identidade negativa.

Anteriormente já foi demonstrado a grande quantidade de normas jurídicas desde época da escravidão para objetificar o africano como selvagem, agressivo e mais propenso a delinquir. Por se tratar de discursos que são veiculados como moralmente corretos, a verdade que é implantada na sociedade brasileira é esta, que pessoas pretas são relacionadas à criminalidade.

Para que haja o controle da paz social, para garantir a segurança da sociedade surge a implementação da ideia geral de que quanto mais punível for uma atividade delituosa menos chances terão de pessoas cometerem tais práticas. Quanto mais severa for a pena, mais eficaz será para punir um agente delitivo. Entretanto, se observar quais são as pessoas que recebem essas punições será constatado que são sempre aquelas pessoas inferiorizadas e desprestigiadas socialmente.

Nesse sentido pode-se sintetizar a força de discursos dentro de uma formação social a partir de estudos aplicados pela ADC, bem como a necessidade dessa investigação, por meio do trecho de Josenia Vieira e Denise Macedo que se segue (2018, p.73):

> Essas transformações envolvem relações de poder devidas à potência dos discursos na formação de realidades. Existem consideráveis interesses em jogo na hegemonia de alguns discursos. Daí a importância de revelar percepções equivocadas de alguns deles e de suas naturalizações. Esse é o efeito desmistificador da ADC nas relações desiguais de poder por meio da linguagem, em que o discurso é ideologicamente trabalhado.

O problema primordial de uma sociedade não é o sentimento de insegurança entre os indivíduos, a criminalidade, mas o que a população dominadora ganha em cima disso, como ela articula tais contextos para garantir seus privilégios sociais.

Teorias como O movimento de Lei e Ordem (Law and Order), a Teoria das Janelas Quebradas (Broken Windows Theory) buscam o endurecimento das normas penais. Outrossim, existe a política de tolerância zero, que acredita que normas mais severas controlam os níveis de criminalidade. Outras formas de discurso são capazes de criar sentimentos de revolta e apatia com infratores da lei, como o Direito Penal do Inimigo, a Política de Guerra contra as Drogas, entre outros, que serão detalhadas mais à frente.

Tal situação levou a sociedade a um nível de rejeição à pessoa do condenado, impossibilitando que a população e o governo desenvolvam medidas destinadas à execução penal, que aprimorem o sistema prisional trazendo índices positivos quanto à criminalidade. Ocorre que os acusados e punidos sempre são os mesmos. Dessa forma, governo e sociedade não se mobilizam para sanar ou até mesmo acabar com tal cenário, acreditando que deixando os criminosos afastados e esquecidos, ou que a punição mais severa irá trazer melhoras para a paz social.

O Movimento de Lei e Ordem (Law and Order) surgiu nos anos 70 nos Estados Unidos, articulado com a Teoria das Janelas Quebradas (*Broken Windows Theory*) e com a política de tolerância zero, tinham o intuito de diminuir a criminalidade e confrontar o princípio da intervenção mínima do direito penal, que é visto pela sociedade como ponta frouxa, como meio de abertura e flexibilização ao cometimento de crimes, já que eles não serão repreendidos adequadamente.

Esse ponto de vista social é embasado pela força repressora do Estado que surgi justamente para repreender os criminosos, os corruptores das leis sociais que como já visto é um alvo certo. Portanto entende-se que penas mais brandas não desencorajará o cometimento de delitos. Nesse sentido Duarte e Curi (2015, p.38) afirmam:

> O aludido movimento ideológico propõe o Direito Penal Máximo, ou seja, sugere um alargamento da incidência do Direito Penal, fazendo com que penas mais severas sejam aplicadas, na mesma perspectiva de que as penas já existentes sejam agravadas. Tal proposta faria com que a população acreditasse que o Direito Penal é a solução para acabar com a criminalidade, ou senão, reduzi-la.

Tal movimento só é justificável para manter a estatística que favorece os poderosos, tal qual, o aumento de dados de encarceramento, demonstrando que o Estado está cumprindo com a segurança pública, tirando os "marginais" da rua, mas na realidade, o que está se cumprindo é a perseguição de classes, é a manutenção do status quo, fazendo com que essas pessoas tornem-se ainda mais excluída. Nesse sentido Duarte e Curi (2015, p.41) afirmam:

> Como pôde ser visto, a *Broken Windows Theory* e o Movimento *Law and Order* são eficazes em separar a sociedade em duas esferas, a "boa" e a "ruim", de modo que a divisão de classes,

segundo as teorias, fica evidente ante a possibilidade de as pessoas menos favorecidas estarem mais propícias ao cometimento de delitos.

O movimento de Lei e Ordem trouxe fortes influências que explicam o atual comportamento da sociedade brasileira para com aqueles considerados criminosos. No Brasil, através dessas ideias surgiu a Lei dos Crimes Hediondos, que visa, pois, o controle da criminalidade através de penas mais severas, mas como resultado o que se pode observar é a superlotação de presídios, além de uma sociedade com sentimento de revolta e desprezo.

Entretanto, desde séculos passados é observado que a simples privação de liberdade, executada de maneira que desrespeite a dignidade humana não é uma solução viável para sozinha combater a criminalidade. Á vista disso, é preciso defender uma análise de como e porque tais questões são repercutidas dentro da sociedade brasileira.

Quanto ao Direito Penal do Inimigo, João Paulo Martinelli (2017) conceitua que:

> Um direito penal do inimigo implica em um comportamento desenvolvido com base em regras, em lugar de uma conduta espontânea e impulsiva. Tais regras são postas mediante a coação das penas. Justamente porque o inimigo não sente influência do ordenamento para modificar seu comportamento por conta própria, o Estado deve impor regras de punição distintas daquelas dos cidadãos.

O direito penal do inimigo basicamente determina quais pessoas que serão consideradas como cidadãos ou inimigas da sociedade. Com o enrijecimento das normas vista alhures uma grande repressão e perseguição havia se instalado, por conseguinte a determinação dos inimigos também devia tomar forma, dito isso as pessoas "anormais", que não estavam dispostas a seguir as normas da sociedade passaram a ser as inimigas do Estado.

Tal mecanismo foi importante para a elite dominante já que os considerados inimigos do Estado eram os pretos, pobres, analfabetos, assim essa era/é uma justificativa perfeita para persegui-los e ainda terem o consentimento do Estado.

O direto penal do inimigo é considerado direito penal do autor, desse modo é importante detalhar a diferença entre direito penal do autor e direito penal do fato. O sistema penal brasileiro leva em consideração o direito penal do fato, enquanto para punir, aplicar a pena no caso concreto, tem como base o direito penal do autor.

No direito penal do autor, não se pune o fato em si, mas o fato como manifestação de uma "forma de ser" do autor. Portanto o direito penal do autor pune o autor por sua personalidade, e na realidade brasileira essa personalidade tem cor e raça. Já o direito penal de fato pune o autor pelo fato cometido. João Paulo Martinelli (2017) explica que:

> O direito penal do autor é corrente legitimada pela ideia da anormalidade do criminoso. É uma ideia criticada na doutrina, porém, fortemente presente na operatividade do sistema jurídico penal atual, que seleciona e indica os criminosos que devem ser punidos, incluído procedimentos como a seleção dos marginalizados para revistas, investigações e reconhecimentos. O sujeito considerado anormal deve ser afastado da sociedade, mesmo que não tenha praticado delito. **O exemplo atual é a própria prática da repressão ao tráfico de drogas no Brasil. O processo penal, que tem início de fato na abordagem do indivíduo, percebemos facilmente que a polícia não tem interesse em revistar os frequentadores dos locais de alto padrão. Não obstante, nas periferias a eficiência parece ser maior.** (grifos meus)

Destarte, o direito penal deixa de ter apenas conteúdo ideológico para servir a uma ideologia dominante. Abre caminhos para que haja perseguição à classe que incomoda os detentores do poder. Além disso, possibilita a instauração de um Estado autoritário, pois legitima o controle de pessoas indesejadas pela classe dominante e as consideradas inimigas da sociedade.

Por fim, a Política de guerra contra as drogas é uma guerra aos pretos e pobres, pois ocorre apenas nas favelas, nas comunidades, nas periferias, locais geralmente habitados pela população negra, justamente por não receberem os mesmos incentivos e meios para conseguir o progresso social.

Ao longo dos anos foram projetados discursos baseados na moral e no viés cristão que puniam e demonizavam o uso da maconha, o governo por receber privilégios através dessa política organizada criou um contexto de perseguição dentro das favelas. O curioso é que essa mesma atuação não ocorre quando os acusados moram em condomínios e andam de avião. Assim a ação da polícia, que é bastante violenta, e o sistema carcerário operam de modo seletivo filtrando desproporcionalmente os negros.

Tais discursos são disfarçados de combate à criminalidade, dessa forma só aumenta a cegueira da discriminação praticada também pelo Sistema de Justiça Criminal. Por isso há também, um alto índice de mortalidade de pessoas pretas. Gabriel Nascimento traz dados do Atlas da Violência (2018) e mostra que (2019, p.15): "em dez anos (de 2006 a 2016), a taxa de homicídios de indivíduos não negros caiu 6,8% enquanto a de negros subiu 23,1%".

Sobre o discurso da democracia racial, ele perpassa por discussões referentes a textos que constroem uma sociedade a partir da inexistência do conflito étnico-racial. A realidade nega e exclui a especificidade identitária e torna invisíveis as diferenças. A construção discursiva dominante tem negado e omitido as contribuições de outros grupos étnicos.

O Brasil construiu, historicamente, um tipo de racismo insidioso, ambíguo, que se afirma via sua própria negação e que está cristalizado na estrutura da nossa sociedade. Não se fala das baianas, das suas representações, dos candomblé, das crenças do povo negro. Não se pode falar sobre a questão racial e quando se fala é omitida a subjugação, a exploração. É apenas evidenciado que o Brasil é fruto de uma miscigenação, que há um equilíbrio e harmonia racial entre grupos.

Isto é uma tendência gerada pela prática do embranquecimento sustentada pela ideologia de democracia racial. Nessa perspectiva Nilma Gomes (2017, p. 51) comenta: "Mito da democracia racial trata-se, no entanto, de uma falsa igualdade, pois ela se baseia no apagamento e na homogeneização das diferenças".

Por conseguinte, Nilma Gomes (2012) entende necessário articular conhecimento científico e outros conhecimentos produzidos pelos sujeitos sociais em suas realidades sociais, culturais, históricas e políticas pare que iniciemos uma nova compreensão sobre a relação entre cultura, conhecimento e poder. É necessária também uma nova interpretação da nossa história.

2.4. ANÁLISE DO DISCURSO DA MÍDIA E O RACISMO

Foi visto alhures como a linguagem aplicada nas práticas sociais perpetua o racismo, a aversão e distinção de classes, o distanciamento das pessoas e como ela impede que tal sistema se reverta.

Por seus pressupostos, por seus princípios, a Análise de Discurso Crítica (ADC) prioriza temas da realidade social que implicam relações de desigualdade, distribuição ou partilha de poder desigual e injusta, opressão, manipulação ou disputa pelo controle da ordem política e econômica em detrimento da sociedade ou de minorias ou de segmentos sociais específicos. André Martins afirma que (2018, p.167):

> Toda situação ou fenômeno em que a linguagem é posta para trabalhar de modo a favorecer essa ou aquela sociedade ou, no interior de uma sociedade, esse ou aquele grupo social, torna-se um contexto típico para a pesquisa baseada em ADC.

A mídia se apresenta como forte aliada dos poderosos nesse jogo. Ela é instrumento de poder através da política, tem forte atuação nesse processo, pois assume uma função de controle e supervisão de ideias. Ainda é responsável pela formação social. Através dela são utilizados os artifícios manipuladores da linguagem para satisfazerem apenas seus interesses. Segundo André Martins (2018, p.159)

Por ela, perpassam interesses de grupos em disputa por poder político, econômico ou social. Tal conjuntura caracteriza essas sociedades como midiacêntricas, ou seja, como aquelas em que a mídia tem relevância central na construção do consenso sociopolítico. A mídia não substitui, diminui ou eclipsa o papel dos governos em todas as suas esferas. No entanto, e sobretudo pela interface da imprensa com os governos e com a própria sociedade, essa instituição torna-se instrumento sine qua non para a existência da democracia.

De forma negativa, a mídia passa a dar a sua opinião sobre determinados casos de forma a interferir na concepção das pessoas e na opinião pública. Tratando de temas sobre a criminalidade (que como já visto, é também um espaço de perpetuação do racismo) muitos permitem ser influenciados pela infeliz cultura da punição, da condenação, da não importância aos condenados. É lamentável a desinformação em relação ao direito de defesa que é assegurado pela Constituição Federal.

O que acontece é a divulgação do medo, a aversão aos criminosos, um distanciamento de classes e preconceitos. Há antes de tudo uma condenação antecipada geralmente voltada a determinadas classes de pessoas que já são taxadas como tendenciosas a prática de crimes, que é a população negra. Os meios de comunicação, e especialmente a televisão, são instrumentos fundamentais na construção dessas imagens na esfera pública. André Martins aduz que (2018, p.162):

> Diante desse quadro, os meios de massa, aliados à internet, particularmente às redes sociais, tornam-se um cenário de disputa de sentidos e de construção de consenso social. Para além da informação e de suas versões, dos dados e de sua interpretação e do entretenimento veiculado pela mídia, imagem e prestígio social são elaborados e reelaborados e têm impacto no processo social.

Os detentores desse grande sistema querem exatamente isso, promulgar esse estado de medo e aversão aos criminosos, e ao se fazerem de vítimas, deixam toda a sociedade afastada e desestimulada a entender o verdadeiro problema da criminalidade no Brasil. Dessa forma, os ditames do sistema capitalista estarão a salvos, e os mais poderosos continuarão obtendo seus benefícios. A teoria do etiquetamento abordada na obra "Criminologia Crítica e Crítica do Direito Penal: introdução à sociologia do direito penal" de Alessandro Baratta (2002, p.165) explica que:

> Estas justificações são uma ideologia que cobre o fato de que o direito penal tende a privilegiar os interesses das classes dominantes, e a imunizar do processo de criminalização comportamentos socialmente danosos típicos dos indivíduos a elas pertencentes, e ligados funcionalmente à existência da acumulação capitalista, e tende a dirigir o processo de criminalização, principalmente, para formas de desvio típicas das classes subalternas.

As notícias permitem uma representação do mundo por meio da linguagem. Trata-se de uma construção e não de um reflexo dos fatos, isento de valores, por isso o sistema em que estamos inseridos agride cada vez mais o distanciamento das classes. Teun van Dijk *apud* André Martins ensina que (2018, p.163):

> O discurso da imprensa é um dos tipos de discurso de elite. Examiná-lo, portanto, é um dos caminhos privilegiados na investigação dos mecanismos pelos quais a linguagem é usada em prol de determinado segmento social ou em favor de alguma perspectiva específica.

A mídia, no final do século passado e no início do século atual, foi a grande propagadora e divulgadora do movimento de Lei e Ordem. Jornalistas, repórteres, apresentadores de programas de entretenimento, profissionais não especialistas no assunto criticam as leis penais, fazendo a sociedade acreditar que, mediante o recrudescimento das penas, a criação de novos tipos penais incriminadores e o afastamento de determinadas garantias processuais, a sociedade ficaria livre da criminalidade.

O caminho para o desenvolvimento desses contextos é deixar a sociedade amedrontada, acuada pela insegurança, pela violência, e isto muito bem faz a mídia, já que recebe benefícios dos poderosos. Nesse sentido, Rogério Grego corrobora (2012):

> O convencimento é feito por intermédio do sensacionalismo, da transmissão de imagens chocantes, que causam revolta e repulsa no meio social. Homicídios cruéis, estupros de crianças, presos que, durante rebeliões, torturam suas vítimas, corrupções, enfim, a sociedade, acuada, acredita sinceramente que o Direito Penal será a solução de todos os seus problemas.

A seguir serão demonstrado alguns exemplos de como o material produzido por jornais e revistas em sua versão impressa ou pela rede mundial de computadores influenciam na opinião social e principalmente como colocam determinados sujeitos sob olhares preconceituosos e julgadores.

Um caso recente (2021) envolvendo confronto policial e moradores da favela de Jacarezinho foi bastante questionado pelo excesso de violência policial, além do histórico de ataques já existentes contra os moradores de comunidades e favelas. Os acusados estavam sendo investigados por tráfico de drogas. Eis que já surgem os índices que caracterizam os contextos de perseguição e dominação discutidos acima.

Segundo o noticiário G1 na página da internet publicado em 06/05/2021 relata:

"Uma operação da Polícia Civil do RJ contra o tráfico de drogas no Jacarezinho, na Zona Norte do Rio, deixou 25 pessoas mortas e provocou um intenso tiroteio no início da manhã desta quinta-feira (6).

Segundo o Grupo de Estudos dos Novos Ilegalismos (Geni) da Universidade Federal Fluminense (UFF) e a plataforma Fogo Cruzado, trata-se da operação policial mais letal da história do Rio.

O **policial civil André Farias foi baleado na cabeça e morreu**, segundo a polícia.

A corporação afirma ainda que 24 criminosos foram mortos, mas não esclareceu quem são as vítimas e a situação em que foram atingidas.

Em coletiva à tarde, o delegado Rodrigo Oliveira, da Core, disse que dois dos mortos foram alvejados quando atacaram policiais que faziam a perícia no local de outras mortes.

Seis pessoas foram presas e armas foram apreendidas (*mais detalhes abaixo*).

Pelas redes sociais, moradores relataram mortes que as computadas, além de corpos no chão, invasão de casas e celulares confiscados. À tarde, eles chegaram a fazer um protesto na comunidade. A polícia negou que fez qualquer execução durante a operação.

"Se alguém fala de execução nessa operação, foi no momento em que o policial foi morto com um tiro na cabeça ", disse o delegado Rodrigo Oliveira, da Core."

Por sua vez o site da Wikipédia acessado em 01/06/2021 apresenta:

"A **chacina do Jacarezinho**,[2][3] também conhecida como **massacre do Jacarezinho**,[4][5] ocorreu em 6 de maio de 2021 na favela homônima, no Rio de Janeiro, durante uma operação da Polícia Civil que resultou em pelo menos 29 pessoas mortas a tiros ou com objetos de corte.[6][7][8][9][10] Foi a operação policial mais letal ocorrida na cidade do Rio de Janeiro,[11] e uma das maiores desse estado, sendo comparável à chacina da Baixada de 2005.[11]

A Polícia Civil negou ter havido irregularidades na operação e defendeu que os policiais agiram em legítima defesa. Em entrevista coletiva, o delegado Rodrigo Oliveira disse que a repercussão do caso como uma chacina seria resultado de "ativismo judicial".[4] Por outro lado, organizações como Anistia Internacional, Fórum Brasileiro de Segurança Pública, Human Rights Watch Brasil e também integrantes da Defensoria Pública do Estado do Rio de Janeiro fizeram severas críticas à operação policial.[12]

Antecedentes

O estado do Rio de Janeiro possui um histórico com uma série de chacinas similares, com execuções realizadas em operações policiais apresentando uma tendência de uso desproporcional da força em favelas e gerando muitos questionamentos, principalmente por representantes dos direitos humanos. Inúmeras operações, essencialmente de repressão ao tráfico de drogas, deixam dezenas de mortos todos os anos.[13] Outros fatores que incidem na violência urbana no Jacarezinho são o desenho geográfico sem planejamento estatal, a evolução da polícia civil e os confrontos entre milicianos e traficantes.[14]

Durante a pandemia de COVID-19 no Brasil o Supremo Tribunal Federal (STF) suspendeu as operações policiais em favelas. De acordo com a decisão, publicada em 5 de junho de 2020, as operações estavam permitidas apenas em «hipóteses absolutamente excepcionais».[19][20]"

Por sua vez, um perfil no Instagram: "canetadesmanipulada" faz uma crítica de como deveria ser notificado tal acontecimento:

As palavras que foram substituídas transformam a situação em uma vitória para o Estado e para a sociedade, pois os "inimigos da paz social" haviam sidos detidos. Notícias como estas fazem as pessoas enxergarem que naqueles locais só há violência por conta do tráfico, transformam aqueles lugares nos únicos ambientes onde pode ocorrer tal ilícito. Não é comum veicular notícias de abordagens policiais, sequer pacíficas dentro dos comandos legais, nas fronteiras estaduais e federais, porque esse tipo de situação quase nunca ocorre.

A população em geral interpreta as favelas e as comunidades através dessas notícias, através do estado de medo que é pregado, e pela falsa sensação de segurança que o Estado passa. Quando na verdade o que se quer instalar é uma aversão a pretos e pobres.

Outro caso emblemático foi a ação policial em um baile funk em Paraisópolis, Zona Sul de São Paulo, que resultou na morte de 9 adolescente de 14 a 23 anos. O fato ocorreu em dezembro de 2019. Na época da escrita do trabalho (06/07/2021) segundo o site "Poder 360" o Ministério Público de São Paulo poderia pedir a competência do júri popular para os policiais militares envolvidos, o pedido diverge do entendimento da Polícia Civil. O delegado do DHPP (departamento de homicídios) Manoel Fernandes Soares, indiciou os agentes pela prática de homicídio culposo, quando não há a intenção de matar, isto retira a competência do tribunal do júri. Segundo o noticiário G1 na página da internet publicado em 27/08/2020 relata:

> "Segundo a promotora, as provas mostram que os policiais agiram de forma intencional para encurralar os frequentadores, sem oferecer rota de fuga e sabendo que essa ação poderia resultar na morte das vítimas. Por isso, ela acredita que houve homicídio doloso com dolo eventual, quando se assume o risco de matar. A conclusão baseia-se em imagens da festa, nos depoimentos dos PMs e na comunicação dos policiais com o Copom (Centro de Operações Militares). Se forem denunciados por homicídio doloso, os policiais vão a júri popular".

Será que essa atuação policial se daria da mesma maneira dentro de um condomínio de luxo? É clara a perseguição feita por tais agentes que são instruídos para combater determinados grupos e silenciar suas vidas.

Nilma Gomes compreende que o papel da voz negra é de suma relevância para reverter tais quadros, na sua obra "O Movimento Negro educador" ela traz exemplos das grandes contribuições que a imprensa negra paulista produziu como saberes emancipatórios sobre a raça e sobre as condições de vida da população negra, ela aborda (2017, p. 29 e 30):

> A imprensa negra rompe com o imaginário racista do final do século XIX e início do século XX que, pautado do ideário do racismo científico, atribuía à população negra o lugar de inferioridade intelectual. Os jornais tinham um papel educativo, informavam e politizavam a população negra sobre os seus próprios destinos rumo à construção de sua integração na sociedade da época. De acordo com Santos e Salvadori ([s.d.]), p. 3.613), "parte significativa dos jornais da imprensa negra utilizava-se do termo raça para se referir à população negra". Os autores ainda analisam a importância conferida à educação por esses jornais, principalmente aquela difundida no seio familiar, o que evidencia a preocupação e a necessidade dessa população em

conquistar espaços numa sociedade rigidamente hierarquizada e preconceituosa. Várias matérias vinculavam a ideia da ascensão social do negro via educação. Nesse sentido, é possível discutir o papel da imprensa negra enquanto instrumento de luta dos negros frente à sociedade estabelecida.

Nos próximos capítulos será mais explorado o papel da linguagem dentro dos grupos desfavorecidos e como ela pode ser trabalhada para reconfigurar a formação social brasileira.

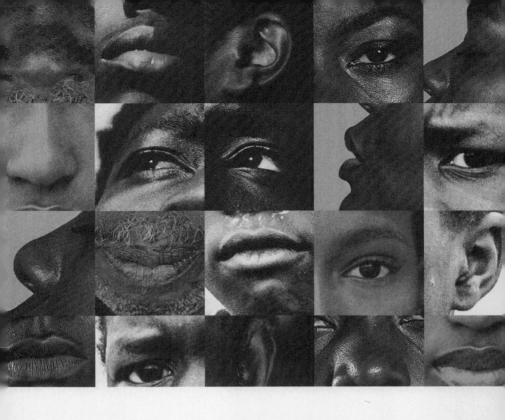

3
MUDANÇA DO DISCURSO SOCIAL MUDANÇA NO QUADRO DA CRIMINALIDADE

3.1. A LINGUAGEM PREVISTA EM BAKHTIN

Mikhail Bakhtin foi um filósofo e pensador russo, teórico da cultura europeia e das artes. Nasceu em 17 de março de 1975, em Oriol na Rússia. Ele estudou na Faculdade de História, Filologia e Filosofia da Universidade de Novorossia (*Odessa*) e, depois, na Universidade de São Petersburgo. Bakhtin dominava fluentemente cinco línguas estrangeiras. De 1930 a 1936, esteve exilado no Cazaquistão. Mikhail Bakhtin é o autor de alguns trabalhos linguísticos, dedicados às questões da teórica geral, à estilística e à teoria dos gêneros discursivos.

Segundo o pensamento bakhtiniano a linguagem está relacionada ao poder. Bakhtin desenvolveu três conceitos sobre o dialogismo, mas o ponto central é a afirmação de que a maioria das opiniões dos indivíduos é social. Partindo desses pressupostos e sabendo que as trocas e relações humanas se dão através da linguagem, Bakhtin diz que a circulação das vozes está submetida ao poder, portanto os donos do poder ditarão como serão as trocas e as relações humanas. Dessa forma a construção da realidade dos indivíduos está submetida aos discursos que são legitimados por essas pessoas. Bakhtin *apud* por Fiorin afirma que (2016, p.21):

> As relações dialógicas não se circunscrevem ao quadro estreito do diálogo face a face, que é apenas uma forma composicional, em que elas ocorrem. O enunciador, para constituir um discurso, leva em conta o discurso de outrem, que está presente no seu. O dialogismo são as relações de sentido que se estabelecem entre dois enunciados.

As análises dos discursos e textos apresentadas alhures através da aplicação da Análise de Discurso Crítica (ADC) corroboram o pensamento bakhtiniano e vice-versa. O presente trabalho, nesse capítulo, vai se debruçar sobre o primeiro e terceiro conceito do dialogismo, pois são os que mais explicam as hipóteses levantadas na pesquisa.

Sob a perspectiva do primeiro conceito de dialogismo do filósofo Bakhtin compreende-se que a maioria absoluta das opiniões dos indivíduos é social, uma vez que o enunciado é a réplica de um diálogo, pois cada vez que se produz um enunciado, o que se está fazendo é participar de um diálogo com outros discursos. Para Fiorin (2016, p.22):

> Um objeto qualquer do mundo interior ou exterior mostra-se sempre perpassado por ideias gerais, por pontos de vista, por apreciações dos outros, dá-se a conhecer para nós desacreditado, contestado, avaliado, exaltado, categorizado, iluminado pelo discurso alheio. Não há nenhum objeto que apareça cercado, envolto, embebido em discursos.

Os africanos pelo poder da linguagem, pela forma como foram nomeados seus povos, suas culturas, seus costumes, sua sexualidade, suas lutas ficaram definidos e ainda os são até hoje através dessas relações raciais e da violência do racismo. Através da linguagem o racismo se perpetua.

A teoria bakhtiniana leva em conta não somente as vozes sociais, mas também as individuais. Ainda explorando estudos sobre Bakhtin através de Fiorin compreende-se que (2016,p.31):

> Em primeiro lugar, o filósofo mostra que a maioria absoluta das opiniões dos indivíduos é social. Em segundo, explica que todo enunciado se dirige não somente a um destinatário imediato, cuja presença é percebida mais ou menos conscientemente, mas também a um superdestinatário, cuja compreensão responsiva, vista sempre como correta, é determinante da produção discursiva. A identidade desse superdestinatário varia de grupo social para grupo social, de época para época: ora ele é a Igreja, ora o partido, ora a ciência, ora a "correção política". Na medida em que toda réplica, mesmo de uma conversação cotidiana, dirige-se a um superdestinatário, os enunciados são sociais.

O sistema de colonização realizado nas Américas, e logo em seguida a estruturação política presente no Brasil foi capaz de sistematizar e definir os status sociais de determinados grupos de pessoas. Como visto ao longo do trabalho, a elite dominante foi esse "superdestinatário" previsto por Bakhtin, pois através das suas produções discursivas fizeram com que a forma da relação escravista continuasse presente nas relações sociais brasileiras. Em síntese, o primeiro conceito de dialogismo diz respeito, ao modo de funcionamento real da linguagem: todos os enunciados constituem-se a partir de outros.

Quanto ao terceiro conceito de dialogismo Bakhtin expõe que o sujeito não é assujeitado, ele afirma que a subjetividade do indivíduo é constituída pelo conjunto de relações sociais de que participa o sujeito. Assim ele nem é submisso às estruturas sociais, nem é uma subjetividade autônoma em relação à sociedade. Isso significa que o dialogismo é o princípio de constituição do indivíduo e o seu princípio de ação.

A linguagem no projeto bakhtiniano de construção de uma teoria das superestruturas é de suma importância. Como a realidade é heterogênea, o sujeito não absorve apenas uma voz social, mas várias, que estão em relações diversas entre si. Portanto, o sujeito é constitutivamente dialógico. Nesse processo de construção da consciência, as vozes são assimiladas de diferentes maneiras. Há aquelas que são incorporadas como voz de autoridade.

No processo de construção da realidade brasileira foi observado que foram os discursos dominantes da elite que perpetuavam o racismo, que atuaram como a voz da autoridade. Bakhtin traz a ideia das forças centrípeta e centrífuga. Ele conceitua a força centrípeta como aquela que atua no sentido de uma centralização enunciativa do plurilinguismo da realidade. Por sua vez, a força centrífuga atua de forma positiva na formação dos enunciados, pois as vozes são assimiladas como posições de sentido internamente persuasivas. Dessa forma, são centrífugas, permeáveis à impregnação por outras vozes, abrem-se à mudança.

É por isso, que Bakhtin explica que as vozes presentes numa formação social estão submetidas ao poder. Fiorin também mostra que Bakhtin acredita na mudança dos discursos autoritários ao relatar que (2016, p.32):

> A utopia bakhtiniana é que se pode resistir a todo processo centrípeto e centralizador. No dialogismo incessante, o ser humano encontra o espaço de sua liberdade e de seu inacabamento. Nunca ele é submetido completamente aos discursos sociais. A singularidade de cada pessoa no "simpósio universal" ocorre na "interação viva das vozes sociais". Nesse "simpósio universal", cada ser humano é social e individual.

A singularidade de cada ser humano cria um ideal social plural, embora isso seja silenciado e invisibilizado pelas práticas discursivas dominantes que determina a vida dos indivíduos conforme seus anseios, mas a realidade deve ser centrífuga. Se a sociedade é dividida em grupos sociais, com interesses divergentes, então os enunciados são sempre um espaço de luta entre vozes sociais. Ocorre que determinadas vozes são potencializadas em detrimento de outras.

Assim, devem-se buscar meios para viabilizar a anunciação das vozes dos oprimidos, dos subjugados. Propor meios para que eles conheçam a importância da produção discursiva dentro de uma sociedade, como ela pode impactar positivamente e reconstruir as relações sociais entre diversos grupos de pessoas e raças. Deve ser aplicada a força centrífuga dentro da sociedade brasileira. Ainda sobre o dialogismo de Bakhtin, Fiorin comenta que (2016, p.36):

> Quando se fala em dialogismo constitutivo, pensa-se em relações com enunciados já constituídos e, portanto, anteriores e passados. No entanto, um enunciado se constitui em relação aos enunciados que o precedem e que sucedem na cadeia de comunicação. Com efeito, um enunciado solicita uma resposta, resposta que ainda não existe. Ele espera sempre uma compreensão responsiva ativa, constrói-se para uma resposta, seja ela uma concordância ou uma refutação.

Portanto, é necessário um estudo que visa analisar os discursos veiculados numa sociedade, para poder entender a forma que se dá as relações sociais. A união de estudos sociais e linguísticos, a aplicação da Análise de Discurso Crítica (ADC) assumem essa responsabilidade e abrem caminhos para as transformações. Destarte, será possível produzir diálogos e discursos capazes de enfrentar a força centrípeta que habita nas relações sociais entre indivíduos brasileiros.

É imprescindível a desconstrução das teorias e discursos racistas e conservadores. Deve-se fomentar um senso crítico e novo em relação à forma que se constituem as relações sociais no Brasil. A população negra é muito subjugada por força de discursos que tem a intenção de colocá-la como classe inferior, foi a força da voz centrípeta que potencializou essa condição. Para Nilma Gomes a linguagem se expressa não somente por meio das palavras, mas também com o corpo, as cores, a estética, a arte e a postura.

O próximo capítulo irá discutir a linguagem prevista em Bakhtin dentro do Movimento Negro (MN), com isso será demonstrado como esse mesmo movimento social pode dar voz ativa à população negra através da reprodução de enunciados emancipatórios, enunciados que causam conflitos com os discursos que oprimem e separam as classes e raças sociais.

3.2. INFLUÊNCIA DO MOVIMENTO NEGRO NA RECONSTRUÇÃO SOCIAL

Como visto, o Estado organizado e estruturado pela elite dominante é instrumento de poder, ele sempre foi um recurso para que determinados grupos sociais pudessem controlar as regras da sociedade e determinar o comportamento das pessoas. Além disso, assume uma função de controle e supervisão de ideias. São discursos para induzir a população.

A construção social da realidade brasileira é marcada por raízes da época da escravidão pautadas no racismo. No Brasil a leitura sobre o negro, sua história e sua cultura ainda tem sido reguladas pelas vias do racismo e sob o mito da democracia racial.

Paralelo a tais questões existe o Movimento Negro (MN) principal protagonista para a emancipação da população negra nos últimos anos. Ele é constituído pelas mais diversas formas de organização e articulação das negras e dos negros politicamente posicionados na luta contra o racismo. Tem como objetivo valorizar e afirmar a história e a cultura negra no Brasil. Nas palavras de Nilma Gomes (2018, p.28): "O Movimento Negro ressignifica e politiza conceitos sobre si mesmo e sobre a realidade social".

A seguir será visto de forma breve a história da criação do Movimento Negro, o primeiro conhecido como Movimento Negro Unificado (MNU), a partir da atuação e sob ótica de Lélia Gonzalez. Ela foi intelectual, militante e feminista negra, também se candidatou algumas vezes para cargos públicos. Alex Ratts e Flavia Rios relatam na obra "Lélia Gonzalez" (2010, p.66):

> Foi nesse momento que ela passou a se envolver de fato com o movimento negro que se reorganizava no Rio de Janeiro. Segundo entrevista realizada com Milton Barbosa, um dos fundadores do Movimento Negro Unificado, que a conheceu por volta de 1976, foi nessa mesma época que Lélia também se aproximou do movimento negro paulistano.

Por volta de 1974, período em que a ditadura militar começava a se distender, o movimento negro começava a se reorganizar. Nessa época o quadro político e cultural fervilhava no que diz respeito à população negra. Pesquisas de Alex Ratts e Flavia Rios mostram (2010, p.85):

> O ativismo de Lélia Gonzalez, bem como dos demais militantes de sua época, não se resumia a atividades restritas em organizações civis. Ser militante naquele tempo era, sobretudo, agir em espaços abertos de enfrentamento político, o que implicava a exposição das grandes lideranças, que foram observadas com atenção pela polícia secreta do período militar. Inevitavelmente, tais ações colocavam tais lideranças na condição de subversivas.

Mais uma vez é visto o poder regulador dos poderosos, mais uma vez é comprovada a luta negra e a não passividade frente às opressões e controles. Mais uma vez é constatada a importância de voltar na história para entender os problemas atuais, por fim, fica comprovado como as vozes das pessoas são imprescindíveis para reconstruir a realidade social. Alex Ratts e Flavia Rios continuam (2010, p.87):

> Com esse perfil de ativista, nos registros da Secretaria de Estado de Segurança Pública o nome de Lélia Gonzalez aparece quase sempre no campo intitulado "subversão", no qual estão anotadas as atividades políticas consideradas contestatórias da ordem social. Para os militares daquela época, Lélia e os demais ativistas negros afrontavam a lei de segurança de 29 de setembro de 1969, que, entre outras coisas, considerava crime "incitar à subversão" e criar animosidades que levassem "ao ódio ou à discriminação racial".

Nesse ponto é demonstrado como a elite dominante queria manter o mito da democracia racial a todo custo, pois como visto são esses discursos que mantém a ordem social favorável para eles. Para dar continuidade a história do MNU, Alex Ratts e Flavia Rios registram que (2010, p.89 e 90):

> Além de escrever e debater com a academia, os intelectuais negros também protestaram nas ruas contra o discurso oficial do Estado. Sabiam que aquele não era o momento de apenas escrever ou falar, mas, sobretudo, de dar visibilidade às reivindicações negras. Assim, a partir de 1978 e durante toda a década seguinte, o Brasil experimentou uma onda de protestos negros.

Ainda os mesmos autores retratam a intenção particular de Lélia quando idealiza um futuro mais próspero para todos (2010, p.94):

> Como porta-voz da luta negra, Lélia Gonzalez vislumbrava a possibilidade de reviver em Palmares o processo de redemocratização do Brasil e, com isso, a esperança de que o pacto nacional fosse firmado em bases não hierárquicas. Assim, o caminho para a igualdade de negros, brancos e índios, alicerces da nacionalidade brasileira, deveria ser traçado nos espaços públicos. E os lugares mais propícios para esse grande desafio eram a política e a cultura.

Lélia acreditava que era possível construir um discurso humano sem criar abismos entre as pessoas. Para finalizar Alex Ratts e Flavia Rios trazem no seu livro a avaliação que Lélia fez sobre o MNU (2010, p.84):

> "Eu acho que a contribuição [do MNU] foi muito positiva, no sentido de que nós conseguimos sensibilizar a sociedade como um todo, levamos a questão negra para o conjunto da sociedade brasileira" (Jornal do MNU, 1991, p.9). Podemos dizer que o movimento negro contribui para ampliar o espectro cultural e político dos brasileiros.

Por todo o exposto observa que o Movimento Negro é chave fundamental para a emancipação da população negra, pois ele tem a capacidade de ressignificar e politizar a raça, entendendo-a como potência de emancipação, e não como uma regulação conservadora. Ao ressignificar a raça esse movimento indaga a própria história do Brasil e da população negra em nosso país.

O MN é ator político, pois questiona e educa o Estado, além de elaborar articulações para que seus saberes reverberados, como os referentes às questões raciais e à história dos africanos em diáspora, sejam reconhecidos e implementados como políticas públicas para o combate às desigualdades raciais. A título de exemplo, pode-se citar a sua influência no surgimento de algumas leis como a Lei 10. 639/03 – Lei que estabelece as diretrizes e bases da educação nacional, para incluir no currículo oficial da Rede de Ensino a obrigatoriedade da temática "História e Cultura Afro-Brasileira" e a Lei 12.990/14, que tornou obrigatório aos órgãos públicos federais a reserva de 20% de suas vagas em concursos públicos para negros.

O Movimento Negro como novo sujeito político produz discursos, reordena enunciados, possibilita aos indivíduos que dele fazem parte reconhecerem-se nesses novos significados. Abre espaço para interpretações antagônicas, nomeação de conflitos, mudança no sentido das palavras e das práticas, instaurando novos significados e novas ações. Um dos seus méritos ao longo dos tempos tem sido o fato de desvelar o mito da democracia racial e, ao fazê-lo, colocar a sociedade brasileira cara a cara com o seu racismo.

Os saberes produzidos pela comunidade negra e sistematizados pelo Movimento Negro trata-se de uma forma de conhecer o mundo através da vivência da raça numa sociedade racializada desde o início da sua formação social. Segundo a autora Nilma Gomes (2018, p.73): "O saberes políticos são considerados como aqueles que reeducaram as identidades, a relação com a corporeidade e a própria ação política dentro e fora do Movimento Negro". Eles entram em ação e dialogam com os outros saberes e ignorâncias.

O Movimento Negro constrói novos enunciados para explicar como o racismo brasileiro opera não somente na estrutura do Estado, mas também na vida cotidiana das suas próprias vítimas. Nilma Gomes aduz que (2018, p.120):

> O Movimento Negro, ao retomar o drama da escravidão, a situação de racismo e de desigualdade racial por ela estimulada, os quais ganham vida própria no contexto da sociedade de classes e da globalização capitalista, tenta fazer com que o passado deixe de ser automaticamente redimido pelo futuro.

Através desses enunciados haverá a desconstrução da atual formação social existente na nossa sociedade. O MN visa o campo da linguagem, seja ela verbal ou corporal, segundo Nilma Gomes (2018, p.94): "No Brasil, o corpo negro ganha visibilidade social na tensão entre adaptar-se, revoltar-se ou superar o pensamento racista que o toma por erótico, exótico e violento".

Portanto, é importante uma reflexão acerca do uso de discursos emancipatórios para acabar com o racismo, e melhorar a qualidade de vida das pessoas negras, a fim de garantir seus direitos fundamentais à vida. É de suma relevância a aplicação de discursos emancipatórios dentro do MN para que grupos submissos encontrem meios para reverter o cenário atual.

Nilma Gomes (2018) afirma que os negros compreendem a força da linguagem. A linguagem utilizada no Movimento Negro tem força centrífuga, Bakhtin diz que essa voz buscar acabar com a tendência centralizadora da força centrípeta. Por isso ela está presente no MN, e faz com que a subjetividade do sujeito seja autônoma dentro da sociedade. A organização dos negros e das negras desde a escravidão até o Movimento Negro da atualidade é capaz de suscitar um tipo de subjetividade desestabilizadora que desvie do conformismo perante o racismo e para construção de políticas de igualdade racial.

Portanto, os movimentos sociais, ao agir social e politicamente, reconstroem identidades, traz indagações, ressignifica e politiza conceitos sobre si mesmo e sobre a realidade social. Os movimentos sociais são verdadeiros pedagogos nas relações sociais e políticas, além de produzir e articular saberes emancipatórios. Isso chegará para os indivíduos através da comunicação (canal) quando a voz centrífuga tiver em holofote.

Entretanto, cumpre destacar que alguns movimentos sociais acabam recebendo mais atenção do que outros, elegendo assim, aqueles que têm mais importância. Esse processo acaba por desvalorizar a produção de saberes dos movimentos que são mais "esquecidos". Nilma Gomes afirma que (2018, p.100):

> A racionalidade científica ocidental se constrói na ausência de um diálogo com a alteridade e, mais ainda, na premissa da inferioridade desta última. No cânone da ciência moderna ocidental não havia lugar para o reconhecimento de outros sujeitos, suas culturas e seus saberes.

Portanto os saberes produzidos pela população negra são mais invisibilizados. Nilma Gomes em seu livro "O Movimento Negro educador" aponta como solução para esse problema a sociologia das ausências e emergências desenvolvida por Boaventura de Sousa Santos. Mas, para isso se tornar efetivo é necessário que o MN tenha tamanha força e que sua voz possa suprir esse esquecimento.

Este capítulo se conclui com os ideais que estavam presentes desde o primeiro MNU, Alex Ratts e Flavia Rios contribuem (2010, p.115 e 116):

> Lélia e muitos outros militantes negros apostaram numa possibilidade de luta simbólica, que poderia ser conquistada pela persuasão discursiva, ou seja, por meio da afirmação de que a questão racial era fundamental para resolver o problema da desigualdade no Brasil.

O Movimento Negro como potencial educador tem a competência de mudar a voz centrípeta reverberada pela política organizacional da sociedade para voz centrífuga, essa representada pela pluralidade dos grupos e raças sociais.

3.3. MUDANÇA SOCIAL E MUDANÇA DISCURSIVA: RELAÇÕES DISCURSIVAS DO IMAGINÁRIO SOCIAL E A JUSTIÇA RESTAURATIVA

A partir das contradições do modo como o sistema penal opera, através das generalidades que são construídas a partir de discursos elitistas são criadas realidades onde se naturaliza a figura do inimigo, do bandido que ameaça a integração social, ele é projetado no corpo negro. Destarte, o Estado entra como salvador da sociedade, isto para dar continuidade ao sistema regulador e dominador da elite dominante.

Desse modo o papel do negro deve ser primordial como sempre vem sendo, se destacando por reverberar um discurso centrífugo, que apesar de ainda serem considerados invisíveis já conquistou direitos para seu povo. Sua voz em potência e em conjunto é capaz de conter o discurso opressor e manipulador.

Valorizar outros discursos que preveem outras formas de operar o sistema criminal como a Justiça Restaurativa, é de suma relevância para que não predomine apenas o discurso regulador e opressor, Jackson Leal corrobora com o tema (2018, p.183):

E por fim (BARATTA, 1999) aponta como necessário o compromisso de, para além da compreensão da complexa trama envolvendo o fato, o sistema e a sua clientela, contribuir com um processo de mudança, que ultrapassa os paliativos político-criminais tecnológicos, mas que reside em uma profunda mudança que redesenha toda a relação entre a criminologia, a política criminal e o sistema de justiça, contemporaneamente pautados por uma relação de sujeição entre as primeiras à última, uma mudança cultural em torno do desvio.

De acordo com a Resolução 2002/12 da Organização das Nações Unidas – ONU, que trata dos princípios básicos para utilização de programas de Justiça Restaurativa em matéria criminal, "processo restaurativo significa qualquer processo no qual a vítima e o ofensor, e, quando apropriado, quaisquer outros indivíduos ou membros da comunidade afetados por um crime, participam ativamente na resolução das questões oriundas do crime, geralmente com a ajuda de um facilitador".

A Justiça Restaurativa é incentivada pelo Conselho Nacional de Justiça (CNJ) por meio do Protocolo de Cooperação para a difusão da Justiça Restaurativa, firmado em agosto com a Associação dos Magistrados Brasileiros (AMB). Ela é uma intervenção restaurativa suplementar.

Segundo a definição adotada pelo TJDFT, a Justiça Restaurativa é um método que busca, quando possível e apropriado, realizar o encontro entre vítima e ofensor, assim como eventuais terceiros envolvidos no crime ou no resultado dele, com o objetivo de fazer com que a vítima possa superar o trauma que sofreu e responsabilizar o ofensor pelo crime que praticou.

O objetivo principal de todas as práticas restaurativas é a satisfação de todos os envolvidos. Busca-se responsabilizar ativamente todos os que contribuíram para a ocorrência do evento danoso, além de alcançar um equilíbrio de poder entre vítima e ofensor, revertendo o desvalor que o crime provoca. Ademais, a proposta é empoderar a comunidade, com destaque para a necessidade de reparação do dano e da recomposição das relações sociais rompidas pelo conflito e suas implicações para o futuro, como a não reincidência.

Conhecida como uma técnica de solução de conflitos que visa à criatividade e à sensibilidade na escuta das vítimas e dos ofensores, a prática tem iniciativas cada vez mais diversificadas e já aponta resultados positivos. Em muitos casos, essas iniciativas alcançam a pacificação das relações sociais. Sérgio de Souza nos mostra (2014):

> Em São Paulo, a Justiça Restaurativa tem sido utilizada em dezenas de escolas públicas e privadas, auxiliando na prevenção e no agravamento de conflitos. No Rio Grande do Sul, juízes aplicam o método para auxiliar nas medidas socioeducativas cumpridas por adolescentes em conflito com a lei, conseguindo recuperar para a sociedade jovens que estavam cada vez mais entregues ao caminho do crime. No Distrito Federal, o Programa Justiça Restaurativa é utilizado em crimes de pequeno e médio potencial ofensivo, além dos casos de violência doméstica. Na Bahia e no Maranhão, o método tem solucionado os crimes de pequeno potencial ofensivo, sem a necessidade de prosseguir com processos judiciais.

Um dos pontos mais atrativos da Justiça Restaurativa, quando se trata da sua aplicação com jovens adolescentes é a possibilidade de não inseri-los dentro das prisões, evitar maiores contatos com o ambiente degradante e violento, o que evita uma maior reincidência na vida delituosa, além de abrir caminhos para novas perspectivas.

Já foi visto que as instituições, as leis e os procedimentos penais, bem como o sistema econômico e político existem em função da elite dominante, esses são entre outros, obstáculos e interesses que permeiam o sistema judiciário, fazendo com que ele não alcance a justiça eficaz e plena para todos, mesmo sob a égide de um Estado social e democrático.

Na verdade, a democracia real é a coisa mais temida hoje no mundo capitalista e nas áreas de poder. Esta dificuldade pode ser refletida nas práticas restaurativas, uma vez que o poder judiciário está nas mãos de um certo modelo de magistrados e de advogados avessos ao empoderamento das comunidades e de determinadas pessoas. Nesse sentido Marcelo Pelizzoli (2015) contribui:

> No Brasil, podemos tomar como bom exemplo deste obstáculo a dificuldade em se aprovar medidas de empoderamento social, ou mesmo uma lei que prioriza a maior participação social por meio de conselhos e similares na vida política institucional.

A justiça restaurativa surge como contraposição à concepção tradicional da justiça criminal, a justiça punitiva-retributiva. Considerando que estes últimos procedimentos estão alinhados com ideais racistas e capitalistas, a justiça restaurativa apresenta-se como forma de luta contra essas forças dominadoras. Marcelo Pelizzoli (2015) aduz que se deve: "criar espaços para restaurar as dimensões relacionais, de dignidade e de direitos, que foram feridas devido a danos/dolos, ou os chamados crimes, pessoais ou materiais". Para ele o ideal da Justiça Restaurativa é:

> O fim maior é aquela Cultura de Paz tão falada e almejada por todos, dentro do que se chama processo de humanização, ou seja, resgatar condições e valores básicos para a socialidade humana equilibrar-se, já que viver em sociedade carrega a marca do conflito, próprio da alteridade da vida humana.

Os negros são tratados como caso de polícia, para eles não há a mesma garantia de direitos fundamentais, direitos sociais. Os dominadores lhes negam assistência, pois precisam de uma classe para ser explorada, para ser alvo. De mais a mais, o sistema penal serve de apoio também, para essa estrutura social. Portanto, é preciso olhar de modo mais profundo, crítico e reconstrutivo para as políticas criminais.

Retomando o conceito de representações através de Fairclough *apud* Iran Ferreira de Melo (2018, p.23):

> A ADC compreende que a representação por meio da linguagem significa uma forma de práxis e não apenas um modo de refletir a realidade (Fairclough, 2001). O processo de representação da realidade, segundo essa perspectiva de estudo, é visto como uma atividade construída no próprio processo discursivo [na

interação entre os (as) usuários(as) da língua], ou seja, faz referência à realidade, ao mesmo tempo em que a constitui (Fairclough, 2003). Assim, para a ADC, o mundo não nos é dado, mas o formulamos num fluxo de nossas interações sociais, que formam, através de práticas discursivas, versões da realidade que se realizam na linguagem, e não *a partir* dela.

Portanto deve-se levantar outras representações, formuladas pela figura dos marginalizados, dos oprimidos. É importante a atuação dessas vozes silenciadas e negadas, das vozes tornadas como irrelevantes. Através da "Análise de Discurso Crítica para linguistas e não linguistas" depreende-se (2018, p.11):

> As práticas sociais moldam e são moldadas pelo discurso. No desenvolvimento das práticas sociais, a linguagem pode assimilar novos paradigmas ou novos contornos. Essa capacidade de moldar e ser moldada é chamada pela ADC de propriedade dialógica do discurso ou de discurso dialógico, em que as ações são parcialmente discursivas e os elementos das práticas, embora sejam apenas discurso (por não reduzirem a esse elemento), são formados, moldados e influenciados pelo discurso. O poder do Estado deriva das leis, do poder de polícia e do aparato bélico. Contudo, é sustentado e difundido pelo discurso. Assim, o poder não é discurso, mas operado por ele para posicionar as pessoas em papéis que perpetuam o arranjo social.

Ao incorporar novos conceitos, ao reelaborar as representações, tais mudanças refletirão em novas práticas discursivas e novas práticas sociais. Os indivíduos passarão a agir em consonância com sua nova identidade. Na obra "Análise de Discurso Crítica para linguistas e não linguistas" compreende-se que (2018, p.14):

> As sociedades alteram suas formas de ser e de agir ao buscar estratégias de renovação do conhecimento, na expectativa de que a dominação, o indivíduo busca superá-la, lutando contra os fatores que determinam a desvantagem social. Desse modo, a incorporação de novos valores ou conhecimento é traduzida na identidade pelas marcas discursivas e materiais (vestimentas, instrumentos e assim por diante), que permitem ao analista perceber quais valores determinado grupo assume.

Nilma Gomes (2018) também compartilha do tema, ela mostra que a comunidade negra produz diversos saberes que são sistematizados pelo Movimento Negro, dentre eles os saberes estético-corpóreos, que estão ligados às questões da corporeidade e da estética negras. Eles são vistos como os saberes mais visíveis do ponto de vista da relação do sujeito negro com o mundo, contraditoriamente podem ser mais facilmente transformados em não existência no contexto do racismo brasileiro e do mito da democracia racial.

Ações afirmativas têm reeducado os negros e as negras na sua relação com o corpo e também reeducam a sociedade brasileira no seu olhar sobre o corpo negro. Nilma Gomes aduz que (p.75): "Apesar de o Brasil ser uma sociedade marcada na sua cultura pela corporeidade como forma de expressão, o corpo negro vive um momento de superação da visão exótica e erótica".

Outro perfil de juventude negra vem surgindo, eles agora têm mais força para se afirmarem, para discutirem, para posicionarem, eles realizam debates e discussões. Nilma Gomes também afirma que (2018, p.76): "O corpo e o cabelo são importantes símbolos de construção da identidade negra". Outrossim, continua pontuando (2018, p.77):

> A estética negra passou a ser compreendida como parte do direito da cidadania e da vida das mulheres negras, tornando-se um dos saberes sobre o corpo que vem sendo amplamente socializado e potencializado, principalmente pelas jovens negras.

Dito isto, ainda é possível fazer uma relação com as reflexões de Boaventura de Souza Santos (2010) ele defende a ideia de que é preciso uma mudança radical no campo do conhecimento. Ele aposta na produção das epistemologias do Sul, estas resultantes de saberes produzidos e reverberados pelos saberes mais invisibilizados, pois são eles que precisam ser libertos.

As epistemologias do Sul são o conjunto de intervenções epistemológicas que denunciam a supressão das muitas formas de saber próprias dos povos colonizados. Esse cancelamento de conhecimentos alternativos é resultado de um processo histórico de dominação epistemológica imposta pelo colonialismo. As epistemologias do Sul valorizam os saberes que resistiram a essa dominação e investigam as condições de um diálogo entre diversos conhecimentos e práticas.

Esse processo de mudança cultural e epistemológica vai acontecer através da atuação desses grupos marginalizados, dos movimentos sociais. Nesse sentido Arroyo *apud* Nilma Gomes entende que os movimentos sociais são capazes de (2018, p.51 e 52): "recolocar a ética nas dimensões mais radicais da convivência humana, no destino da riqueza socialmente produzida (…) na miséria, na exploração, na pobreza e injustiça (…) Eles reeducam os indivíduos, os grupos e a sociedade".

Assim, compreendendo a problemática questão sobre a criminalidade, onde o crime, o criminoso, e o inimigo da sociedade são resultados de um modo de produção discursiva e resultado da interação social, que advêm das leis, de políticas desde o período colonialista. Portanto é preciso romper com essa estrutura, ir de encontro com o poder centralizador.

Faz-se importante compreender as relações sociais, os discursos que acompanham cada época e o que eles querem dizer nas suas entrelinhas. A reestruturação das relações comunitárias levará a solução dos conflitos de poder de forma alternativa, de forma dialogal.

Nesse ponto defende-se a necessidade de uma estrutura organizacional que não esteja ligada necessariamente ao órgão estatal, para que se coloque em prática a voz do Movimento Negro, a voz das organizações em pró do fim da hegemonia que está nas mãos da elite dominante. Essa atuação deve sair do mundo das ideias, é preciso que não sejam apenas incluídas nas pedagogias invisíveis. Jackson Leal ainda aponta uma necessidade fundamental (2018, p.185):

> É necessário um processo de reconstrução de um conceito básico – a cidadania –, que foi absurdamente deturpado, ou simplesmente construído ao sabor das necessidades sistêmicas da modernidade ocidental e que mantém a lógica reprodutora de

conflitos no seio da juridicidade estatal. Assim, verifica-se que a mudança paradigmática na estrutura de juridicidade, na relação entre o saber-poder, a sociedade e as instituições (de controle), requerem a intervenção participativa e reorganizativa dos grupos que historicamente tem sido relegado a posição de repositórios e objetos de intervenção (como as juventudes); uma mudança que não deve partir de cima, mas de baixo, e com o rosto e a voz marginal.

Para além de todo o exposto e debatido ao longo do texto, requer um convite ao verdadeiro exercício da cidadania, um exercício diário, colocar em prática o poder que é por excelência do povo. Reivindicar, relembrar, reelaborar.

É pertinente a observação e o questionamento sobre a aplicação da linguagem dentro das práticas sociais, se há violações, disparidades. É necessário se considerar parte desse Estado Democrático de Direito, almejar e esperar direitos fundamentais e direitos sociais simétricos.

É necessária essa mobilização. Intervenção conjunta à luta dos mais oprimidos. Fazer parte do todo, deve haver a consciência do agir. Não perecer as luzes da mídia, que está aliada aos interesses feitos para poucos.

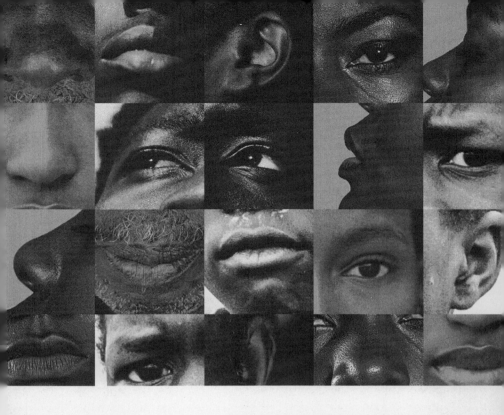

CONSIDERAÇÕES FINAIS

Foi possível evidenciar ao longo do trabalho os fatos sobre o surgimento das sociedades de classes, como foi essa experiência no território brasileiro, além da identificação de alguns fatores que levaram a atual formação das relações sociais no Brasil. Foi destacado como a teoria do Dialogismo de Bakhtin pode explicar o processo da formação social do Brasil. Tais análises foram possíveis através da aplicação da Análise de Discurso Crítica (ADC).

A construção social da realidade brasileira é marcada por raízes da época da escravidão pautadas no racismo, por isso as desigualdades sociais abrangem determinado grupo de pessoas, tais quais, negras, analfabetas, pobres, tornando-as a parcela das pessoas que sempre serão sujeitas à cota mais vulnerável da sociedade, submetendo-as a situações desfavoráveis, elas são tolhidas de oportunidades e prestígio social.

Essa realidade é reflexo de práticas discursivas que representam e se projetam em determinadas práticas sociais. Por meio da ADC, foi constatado que a busca pelo domínio social perpassa pelos campos das ideias e do discurso para então segregar e subjugar pessoas. Assim os canais de comunicação, de produção e distribuição de ideias, de textos, de saberes estão nas mãos de uma elite dominadora. Esse ciclo compromete a libertação da classe oprimida, uma vez que não são capazes de terem suas vozes ouvidas.

A campanha midiática pela punição, pela rejeição à pessoa do criminoso, através de discursos como movimento de Lei e Ordem (Law and Order), pela influência da Teoria das Janelas Quebradas (Broken Windows Theory), e da Política de tolerância zero, além do Direito Penal do Inimigo acaba interferindo nas relações sociais, aumentando as desigualdades entre classes, trazendo impactos sociais negativos. A sociedade carcerária é o retrato fiel da realidade extramuros repetindo as mesmas desigualdades, servindo inclusive como cenário e mecanismo desse sistema de controle de determinados corpos.

Enquanto persistirem as exclusões, a aversão à pessoa do criminoso, este que ficou personalizado através das características e da cultura negra, mais difícil será de se criarem mecanismos para equiparar a sociedade. Um desses mecanismos de reconstrução social, como foi visto, é a produção de saberes pela população negra.

Através dos pressupostos da ADC e do pensamento bakhtiniano foi constatada a importância do Movimento Negro (MN) para a população negra. O Movimento Negro constrói novos enunciados para explicar como o racismo brasileiro opera na estrutura do Estado, e também na vida cotidiana dos indivíduos. Através desses enunciados haverá a desconstrução da atual formação social existente na nossa sociedade. Haverá a libertação e emancipação da população negra. Pois, se por meio da linguagem aplicada dentro das relações sociais o povo negro ficou oprimido é por meio das suas vozes que o discurso de poder será derrubado e substituído pelo discurso plural.

Que as ideias defendidas e aludidas ao longo desse texto vivam! Que elas encontrem novos espaços, novas cabeças, novos mundos. Que a língua não se torne canal de opressão, mas de libertação. Que a língua falada cure. Que a voz destruída e silenciada chegue aos quatros cantos do mundo modificada e capaz de reconstruir as sociedades que vivem sob as disputas de poder e sob opressões.

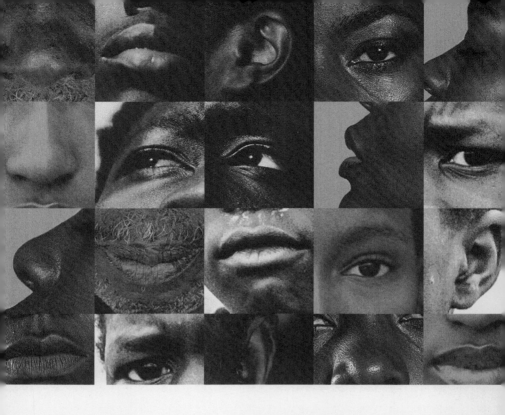

REFERÊNCIAS

AZEVEDO, Celia Maria Marinho. **Onda negra medo branco, O negro no imaginário das elites – século XIX.** Rio de Janeiro: Editora Paz e Terra S/A, 1987.

BARATTA, Alessandro. **Criminologia Crítica e Crítica do Direito Penal: introdução à sociologia do direito penal.** 3.ed. Rio de Janeiro: Editora Revan, 2002.

BRASIL. **Exposição de Motivos Nº 213, de 9 de maio de 1983**. Disponível em: <http://www2.camara.leg.br/legin/fed/lei/1980-1987/lei-7210-11-julho-1984-356938-exposicaodemotivos-149285-pl.html>. Acesso em: 08/05/2021.

BRASIL. **Lei de Execução Penal**. Lei 7210 de 11 de julho de 1984.

BRASIL. **Lei nº 4 de 10 de junho de 1835.**

DUARTE, Mauro Henrique Tavares e CURI, Fernandes Cherem. Os influxos do Movimento Law and Order e The Broken Windows Theory no Brasil. **Revista Liberdades**, Edição nº19, publicação do IBCCRIM, maio/Agosto de 2015.

FIORIN, José Luiz. **Introdução ao pensamento de Bakhtin.** 2ª Ed. São Paulo: Editora Contexto,2016.

FOUCAULT, Michel. **Vigiar e punir nascimento da prisão**. 27ª ed. Petrópolis, RJ, 2003.

GOMES, Nilma Lino. **O Movimento Negro educador, Saberes construídos nas lutas por emancipação.** 1ª Ed. Petrópolis, RJ: Editora Vozes,2018.

GRECO, Rogério. **Direito penal do inimigo**. Disponível em: <https://rogeriogreco.jusbrasil.com.br/artigos/121819866/direito-penal-do-inimigo> Acesso em: 21/03/2021.

JR., José Ribamar Lopes Batista; SATO, Denise Tamaê Borges e MELO, Iran Ferreira (Org.). **Análise de Discurso Crítica para linguistas e não linguistas.** 1.ed. São Paulo, SP. Parábola, 2018.

LEAL, Jackson da Silva. **Sistema penal e juventude: da política social à política penal o discurso da juventude privada da liberdade.** Porto Alegre, RS: Editora Fi, 2018.

MARTINELLI, João Paulo Orsini. **Existe um Direito Penal do Inimigo no Brasil? Reflexões sobre alguns dispositivos da legislação penal brasileira.** Disponível em: <https://jpomartinelli.jusbrasil.com.br/artigos/469083933/existe-um-direito-penal-do-inimigo-no-brasil>. Acesso em: 21/03/2021.

MESSUTI, Ana. **O tempo como pena.** São Paulo: Editora Revista dos tribunais, 2003.

MIGOWSKI, Eduardo. **Das Ordenações Filipinas ao Código Criminal de 1830.** Disponível em: <https://www.justificando.com/2018/10/12/das-ordenacoes-filipinas-ao-codigo-criminal-de-1830/>. Acesso em: 07/03/2021.

MOREIRA, Adilson. **Racismo Recreativo, Feminismos Plurais, coordenação Djamila Ribeiro.** 3ª Reimpressão. São Paulo. Sueli Carneiro. Editora Jandaíra, 2020.

MP diz ter provas para denunciar PMs da tragédia de Paraisópolis por homicídio doloso. **G1**, 2020. Disponível em: <https://g1.globo.com/sp/sao-paulo/noticia/2020/08/27/mp-diz-ter-provas-para-denunciar-pms-da-tragedia-de-paraisopolis-por-homicidio-doloso.ghtml> Acesso em: 06/07/2021.

NACIONAL, Departamento Penitenciário. **Levantamento Nacional de Informações Penitenciárias.** Disponível em: <https://www.gov.br/depen/pt-br/sisdepen/sisdepen> Acesso em: 06/03/2021.

NASCIMENTO, Gabriel. **Racismo Linguístico os subterrâneos da linguagem e do racismo.** Belo Horizonte, MG. Letramento, 2019.

PROMOTORIA deve pedir júri popular por mortes em Paraisópolis. **Poder 360**, 2021. Disponível em: <https://www.poder360.com.br/justica/promotoria-deve-pedir-juri-popular-por-mortes-em-paraisopolis/> Acesso em: 06/07/2021.

RATTS, Alex e RIOS, Flavia. **Lélia Gonzalez.** São Paulo, SP. Selo Negro Edições, 2010.

SOUZA, Jessé. **A elite do atraso da escravidão a Bolsonaro.** Rio de Janeiro, RJ. Editora Estação Brasil, 2019.

SOUZA, Sérgio Oliveira. **Justiça Restaurativa: o que é e como funciona.** Disponível em: < https://sergiooliveiradesouza.jusbrasil.com.br/artigos/153407819/justica-restaurativa-o-que-e-e-como-funciona>. Acesso em: 28/04/2021.

WATCH, Human Rights. **O Estado deixou mal tomar conta. A crise do sistema penitenciário do Estado de Pernambuco.** Estados Unidos da América, 2015.

- editoraletramento
- editoraletramento.com.br
- editoraletramento
- company/grupoeditorialletramento
- grupoletramento
- contato@editoraletramento.com.br
- editoraletramento

- editoracasadodireito.com.br
- casadodireitoed
- casadodireito
- casadodireito@editoraletramento.com.br